Erich Purk
wachsen wie ein Baum

Erich Purk

wachsen wie ein Baum

Der spirituelle Fastenbegleiter

Verlag Katholisches Bibelwerk

ISBN 3-460-27115-9
Alle Rechte vorbehalten
© 2003 Verlag Katholisches Bibelwerk
Umschlag: Finken & Bumiller, Stuttgart
Titelbild: © NGS, Washington D.C. (Thomas Nebbia)
Satz und Repro: Rund ums Buch – Rudi Kern, Kirchheim

Inhalt

Inhalt

Vorwort

Mit Bäumen kann ich reden. Wenn ich ihnen zuhöre, erzählen sie mir vom Geheimnis des Lebens. Sie sind ein Ursymbol und ein umfassendes Lebensmotiv. Man kann sich ihnen nur ehrfürchtig nahen, denn sie sind Heiligtümer.

Der Ölbaum zum Beispiel, wie ihn das Bild auf dem Umschlag dieses Buches zeigt, schaut auf Jahrhunderte zurück. Er nimmt sich Zeit und bewahrt einen Schatz an Erfahrungen. Der Ölbaum ist im Sterben geübt. Das uralte Holz hat immer noch Kraft, junges Grün hervorzubringen. Sterben und Streben stehen im Einklang. Auferstehung ist der Triumph des Ölbaums. Jahrhundertträume von Werden und Vergehen deuten seine knorrigen Äste, und seine Wunden offenbaren seine Widerstandskraft. Den Alten waren Ölbäume heilig.

Wachsen wie ein Baum. Wer diese Sehnsucht in sich entdeckt, wird den Baum als seinen Lehrmeister wählen. Wachsen wie ein Baum in die Höhe, in die Tiefe und mit ausgebreiteten Armen. Er lässt keine Dimension des Lebens aus. Es gibt keine Schwierigkeit des Lebens, zu dem der Baum in Zeichen und Sprache nicht eine Antwort weiß.

40 Tage zwischen Aschermittwoch und Ostern, 40 Tage Fastenzeit. Sich den Bäumen nähern und zuhören. Sie antworten unseren Fragen und lösen unsere inneren Nöte. Wer sich einlässt, erfährt, wo seine Quellen sind und wie Wurzeln Halt geben. Er wird ohne Angst seine Arme ausbreiten und spüren, dass seine Krone und sein Haupt dem Himmel entgegenwachsen.

Pater Erich Purk

Mit der Erde verwandt

Der Erste Mensch stammt von der Erde und ist Erde;
der Zweite Mensch stammt vom Himmel.
Wie der von der Erde irdisch war,
so sind es auch seine Nachfahren.
Und wie der vom Himmel himmlisch ist,
so sind es auch seine Nachfahren.
Wie wir nach dem Bild des Irdischen gestaltet wurden,
so werden wir auch nach dem Bild des Himmlischen gestaltet werden.
(1 Kor 15,46f.)

Wort in den Tag „Staub bist du, und zum Staub kehrst du zurück." Worte des Aschermittwochs. Nach den tollen Tagen der Fastnachtszeit könnte der Kontrast nicht größer sein. Die Ernüchterung holt uns ein.

Wir gehören der Erde. Wir sind ein Teil dieser Erde. Der Mensch ist vergänglich und wandelt sich ständig. Das Gesetz der Wandlung bestimmt unser Leben. Der Mensch – lateinisch: homo – kommt von humus. Das Wort für Erde, – humus und für Mensch – homo, der von der Erde Genommene, haben den gleichen Ursprung. Der gleiche Wortstamm im Lateinischen macht klar, dass wir mit der Erde verwandt sind.

Der Baum weiß darum. Wo er wächst, ist er immer der Erde verbunden. Seine Wurzeln treibt er tief ins Erdreich hinab. Nur mit tiefen Wurzeln kann er den Stürmen trotzen und in Dürrezeiten überleben. Das Wachsen der Wurzeln ist unsichtbar. Es ist eine demütige Arbeit. Auch das lateinische Wort „humilis" – „demütig" kommt aus dem Wortstamm humus.

In den Tagen des Karnevals lebt man recht gedankenlos und oberflächlich. In der Fastenzeit, die jetzt beginnt, geht es darum, seinem Leben mehr Tiefgang zu geben. Vielleicht ist dies das Problem unserer Generation, dass wir zu oberflächlich leben und keine Wurzeln haben. Viele Menschen suchen heute ein Fundament, auf dem sie bauen können, einen festen Stand, der trägt. Die Religion hat mit den Wurzeln des Menschen zu tun. Religion ist die Rückbindung an einen Gott, der treu ist. Man kann nicht auf Dauer ohne festen Halt sein.

Auf einem Bahnsteig war das neulich. Der Zug musste jeden Augenblick einlaufen. Ein Betrunkener kam daher, bleibt vor mir stehen und fragt: „Glaubst du an Gott?" Darauf war ich nicht gefasst. Ich hatte keine Lust, mit einem Betrunkenen zu diskutieren. Und dann diese Frage! Sollte das ein Witz sein? Es war mir einfach peinlich. Aber ich konnte nicht ausweichen. Ich antwortete dann doch, unüberlegt, spontan. Ich sagte nur: „Ja!" Eigentlich wollte ich weiterreden, ihm erklären, wie ich zu dieser Antwort komme. Ich hatte Angst vor seiner Reaktion: „Na, dann zeig ihn mir mal, deinen lieben Gott." Aber er wollte keine Erklärung. Er sagte nur: „Mensch, du hast es gut!" Erst jetzt sah ich ihn richtig. Seine Augen, die müde und kaputt waren. (nach Ludolf Ulrich)

„Mensch, du hast es gut, wenn du heute noch an Gott glauben kannst!", sagt einer, dem das Leben offensichtlich hart mitgespielt hat. Und er meint so etwas wie ein Fundament unter den Füßen, auf dem man stehen kann, wenn die Stürme des Lebens uns rütteln und schütteln. Er meint so etwas wie eine Hand, die uns hält, wenn nur noch der Alkohol bleibt, um zu überleben.

Tief im Menschen sitzt der Wunsch nach Wurzeln. Irgendwo muss der Mensch einen Halt finden. Glaube ist die Beheimatung der Heimatlosen, die Verwurzelung des Entfremdeten. Das hebräische Wort für Glauben heißt „Nehemin". Wenn man das wörtlich übersetzt, bedeutet es: sich festmachen in Gott, festen Halt finden in seinen Verheißungen. Der Prophet Jesaja sagte im Exil – in der Verbannung – zu seinem Volk: „Wenn ihr nicht in Gott verwurzelt seid, werdet ihr keinen Halt finden." (Jes 7,9) Und Paulus schreibt: „Seid fest gegründet und verwurzelt in Jesus Christus, steht fest im Glauben und seid dankbar." (Kol 2,6-7)

Es gibt immer mehr Menschen, die heute dankbar sind, wenn sie glauben können. „Mensch, du hast es gut", wenn du ein Fundament unter den Füßen hast.

Impuls   Wie oberflächlich lebe ich eigentlich? Wann habe ich mir zum letzten Mal die Frage gestellt: Was macht den Sinn meines Lebens aus? Was gibt mir Halt und tiefe Wurzeln, um in Krisen standfest zu bleiben?

Wachsen in die Tiefe

Der Mensch ist wie ein Baum, der an Wasserbächen gepflanzt ist,
der zur rechten Zeit seine Frucht bringt
und dessen Blätter nicht welken.
Alles, was er tut, wird ihm gut gelingen.
(Ps 1,3)

Wort in den Tag „Bäume sind Heiligtümer", sagt Hermann Hesse. „Wer mit ihnen zu sprechen, wer ihnen zuzuhören weiß, erfährt die Wahrheit. Sie predigen nicht Lehren und Rezepte, sie verkünden das Urgesetz des Lebens."

Baum und Mensch – sie haben ein verwandtes Wesen und ein gemeinsames Schicksal. Bäume zeigen dem Menschen, wer er ist. In der Bibel heißt es: „Der Mensch ist wie ein Baum, der an Wasserbächen gepflanzt ist, der zur rechten Zeit seine Frucht bringt." (Ps 1) In den Bäumen erkennt der Mensch, dass er den Daseinsstürmen ausgeliefert ist, aber auch, dass er angewiesen bleibt auf das Licht der Sonne, auf die Gnade des Regens. Bäume stellen ihm das Verwurzeltsein, das Wachsen und Blühen, das Fruchtbringen und Welken seines Lebens vor Augen.

So wachsen wie ein Baum: in die Höhe, in die Tiefe und mit ausgebreiteten Armen. Auf die Wurzeln kommt es dabei an. Ein Baum hat genauso viel Wurzelwerk unter der Erde, wie er Zweige sichtbar ausstreckt. Nicht in den Zweigen, in den Wurzeln steckt die Kraft des Baumes. Wer tief verwurzelt ist, kann seine Zweige und Äste weit in den Himmel hinausstrecken. Wer tief verwurzelt ist, wird Stürme überstehen und festen Grund haben. Wer tief verwurzelt ist, kann Dürrezeiten überleben. Er wird zu den Quellen vorstoßen, die auch in Trockenzeiten das lebensnotwendige Wasser spenden. Auf die Wurzeln kommt es an.

Tiefe gewinnen ist das Anliegen der Spiritualität. Gibt es heute nicht eine Sehnsucht nach Tiefe und Spiritualität? Zu oft leben wir oberflächlich dahin. Die Banalität in der Öffentlichkeit holt uns ein. Was aber ist Spiritualität? Es ist keine neue Wissenschaft, sondern der Versuch, alle Bereiche unseres Lebens bis in den Alltag hinein mit Geist und Liebe zu verwandeln, die Quellen freizulegen, aus denen wir schöpfen. Es ist das geistliche Gestaltungsprinzip des Lebens. Der Begriff „Spiritualität" stammt aus der französischen Ordenstheologie des 17. Jahrhunderts. Der Begriff wurde besonders bekannt durch die Vollversammlung des Ökumenischen Rates der Kirchen in Nairobi 1975, wo es hieß: „Wie sehnen uns nach einer neuen Spiritualität, die unser Planen, Denken und Handeln durchdringt."

Was ist christliche Spiritualität? Das Institut für Spiritualität in Münster formulierte: „Spiritualität ist die fortwährende Umformung eines Menschen, der antwortet auf den Anruf Gottes."[1] Mein Leben ist nie fertig, sondern immer im Werden. Ich muss die Wurzeln nach den Quellen ausstrecken, damit ich auch in Dürrezeiten überlebe. Manche Bäume graben ihre Wurzeln sechs bis sieben Meter tief in die Erde, um die unterirdischen Wasseradern zu erreichen. Der Baum, der nur flache Wurzeln hat, wird beim nächsten Sturm umgeworfen.

Für Christen ist die Quelle das Hören auf Gottes Wort und die lebendige Beziehung zu Gott. Geistlich leben bedeutet dann: sich immer wieder neu auszurichten auf den Anruf Gottes. Die Fastenzeit ist solch eine Zeit der Einladung, mit den Wurzeln unseres Lebens tiefer zu graben. Denn „nicht du trägst die Wurzel, die Wurzel trägt dich", sagt der Apostel Paulus.

Impuls   Spiritualität ist nicht etwas für „schöne Stunden", sondern unser Alltag wird verwandelt. Das hat der Theologe Karl Rahner so ausgedrückt:

> *Unser Alltag sind wir selber:*
> *unser tägliches Herz,*
> *unser matter Geist*
> *und die kleine Liebe,*
> *die auch das Große klein*
> *und gewöhnlich macht.*
> *Und darum kann der Weg*
> *nur mitten durch den Alltag,*
> *seine Not und seine Pflicht, hindurchgehen.*

Darum kann der Alltag nicht durch Flucht,
sondern nur durch Standhalten
und durch Verwandlung überwunden werden.
Also muss in der Welt Gott gesucht
und gefunden werden.
Also muss der Alltag selbst Gottes Tag werden.[2]

Der Baum – mein Gesprächspartner

*In Gibeon erschien der Herr dem Salomo nachts im Traum
und forderte ihn auf: Sprich eine Bitte aus, die ich dir gewähren soll.
Salomo antwortete: Du hast deinem Knecht David,
meinem Vater, große Huld erwiesen …
So hast du jetzt, Herr, mein Gott, deinen Knecht
anstelle meines Vaters David zum König gemacht.
Doch ich bin noch sehr jung und weiß nicht,
wie ich mich als König verhalten soll. …
Verleih daher deinem Knecht ein hörendes Herz,
damit er dein Volk zu regieren
und das Gute vom Bösen zu unterscheiden versteht.
Wer könnte sonst dieses mächtige Volk regieren?
Es gefiel dem Herrn, dass Salomo diese Bitte aussprach.
Daher antwortete ihm Gott:
Weil du gerade diese Bitte ausgesprochen hast
und nicht um langes Leben, Reichtum oder
um den Tod deiner Feinde,
sondern um Einsicht gebeten hast, um auf das Recht zu hören,
werde ich deine Bitte erfüllen.
Sieh, ich gebe dir ein so weises und verständiges Herz,
dass keiner vor dir war und keiner
nach dir kommen wird, der dir gleicht.
(1 Kön 3,5ff.)*

Wort in den Tag   „Mein Freund, der Baum, ist mein Gesprächspartner." Ich traf sie im Park einer vornehmen Altenwohnanlage. Wenn das Wetter es zuließ, saß sie auf der Bank unter einem Ahornbaum. „Mir hört keiner mehr zu", meinte sie. „Er aber versteht alles, was ich ihm erzähle." Und sie fügte hinzu: „Weißt du, dass Bäume reden? Ja, sie reden. Sie sprechen zu dir, wenn du zuhörst."

CONRAD FERDINAND MEYER hat diese Erfahrung in Verse gefasst:
> Jetzt rede du!
> Du warest mir ein täglich Wanderziel,
> Viellieber Wald, in dumpfen Jugendtagen,
> Ich hatte dir geträumten Glücks so viel
> Anzuvertraun, so wahren Schmerz zu klagen.
>
> Und wieder such ich dich, du dunkler Hort,
> Und deines Wipfelmeers gewaltig Rauschen –
> Jetzt rede du! Ich lasse dir das Wort!
> Verstummt ist Klag und Jubel. Ich will lauschen.[3]

Der Mensch ist kein Einsiedler. Er ist ein Wesen, das hören und sprechen kann. Wenn er gesund bleiben will, dann muss er sich aussprechen können. Ein gutes Gespräch ist die beste Medizin für ihn. Beim Hören beginnt das gute Gespräch. Viele verstummen ganz, nicht weil ihr Sprechorgan erkrankt ist, sondern weil keiner ihnen mehr zuhört.

Als ein Mann, dessen Ehe in der Krise war, den Rat des Meisters suchte, sagte dieser zu ihm: „Du musst lernen, deiner Frau zuzuhören." Der Mann nahm sich diesen Rat zu Herzen und kam nach einem Monat zurück und sagte, er habe gelernt, auf jedes Wort, das seine Frau sprach, zu hören. Da sagte der Meister mit einem Lächeln: „Nun geh' nach Hause und höre auf jedes Wort, das deine Frau nicht sagt."

Man liebt einen Menschen erst dann richtig, wenn man auch jenes Wort versteht, das er nicht sagt. Wer hat schon dieses Feingefühl, dieses Gespür für das Ungesagte? In vielen deutschen Ehen spricht man angeblich pro Tag nur acht Minuten miteinander. Wenn man sich noch etwas zu sagen hat, muss man sich Zeit nehmen. Richtiges Hinhören erfordert Geduld, liebevolle Aufmerksamkeit, ehrliches Interesse am anderen.

Impuls Was kann ich tun, um das Hören neu zu lernen? Hervorragende Denker unserer Zeit glauben, dass es zur Rettung des Menschengeschlechtes notwendig ist, dass wir die weiblichen Elemente des Lebens stärker beachten und wieder kultivieren: das Empfangen und Aufnehmen, das Lauschen und Horchen, das Helfen und Bewahren. Die alten Chinesen betrachten das Ohr als ein weibliches Organ und das Auge als ein männliches. Wenn das so ist – und vieles spricht dafür –, dann müsste heute das Ohr Vorrang gewinnen gegenüber dem Auge. Das Hörbare müsste wichtiger werden als das Sichtbare. Wir aber sind Augenmenschen geworden. Täglich sitzen wir festgekettet vor dem Fernseher und verschlingen wahllos die bunten Bilder. Auf Reisen und im Urlaub erleben wir, wie Heerscharen von Menschen die Welt nur noch durch die Linse des Fotoapparates wahrnehmen. Die Bitte des jungen Königs Salomo ist mein Gebet: Herr, gib mir ein hörendes Herz! Denn man hört nur mit dem Herzen gut.

Dennoch leben

Zwar blüht der Feigenbaum nicht,
an den Reben ist nichts zu ernten,
der Ölbaum bringt keinen Ertrag,
die Kornfelder tragen keine Frucht;
im Pferch sind keine Schafe, im Stall steht kein Rind mehr.
Dennoch will ich jubeln über den Herrn
und mich freuen über Gott, meinen Retter.
Gott, der Herr, ist meine Kraft.
(Hab 3,17-19)

Wort in den Tag   Im vergangenen Jahr stand ich in meinem Urlaub vor einem großen Felsblock. Oben auf dem Stein wuchs ein Baum. Seine Wurzeln umfassten den harten Fels und senkten sich ins Erdreich. Irgendwann hatte der Wind ein Samenkorn auf den Stein getragen. Die Wahrscheinlichkeit war gering, dort zu überleben. Dennoch wuchs der Baum auf hartem, steinigen Grund. Der Fels nährt nicht, aber er gibt Halt. Allen Stürmen hat der Baum widerstanden. Aufgegeben hat er nie. Der Lohn der Ausdauer ist das Licht, denn seine Krone überragt nun alle Bäume.

In seinem Schatten ist ein zweiter Baum gewachsen. Ihre Wurzeln sind ineinander verschlungen. Sie erzählen vom Geheimnis, wie man dennoch leben kann. Am Stein zwischen den Wurzeln steht eine Bank. Wer hier verweilt, erkennt die Kraft der Wurzeln, die dem Stein das Leben abtrotzen, ein Zeichen von Zuversicht. Als ich das Bild einer Frau schickte, die mit behinderten Kindern arbeitet, schrieb sie zurück: „Ich glaube daran, dass unser Lebenswille alle Hindernisse überwinden kann. Meine Behinderten machen mir das täglich vor. Und wenn ich einmal kleinmütig werde und verzweifelt bin, dann will ich an den Baum denken, der auf einem harten Felsen dennoch leben kann." Leben wächst an Orten, wo alles tot und feindlich erscheint. Der Fels wird von Wurzeln durchzogen, der kalte Stein von Armen umfasst und erwärmt. Solche Zeichen der Hoffnung geben mir Mut, das Leben immer neu zu wagen.

Impuls Trotz der eigenen Misserfolge und Grenzen: dennoch nicht aufgeben; trotz vieler gescheiterter Bemühungen: immer wieder neu anfangen; auch wenn man deshalb belächelt wird: dennoch im Alltag als Christ leben; auch wenn Menschen enttäuscht sind, weil in der Kirche manch merkwürdige Dinge passieren oder gesagt werden, dennoch daran glauben: das Reich Gottes ist bereits da! Dennoch den eigenen Standpunkt an der Botschaft Jesu orientieren und danach leben. Gott selbst, so berichtet die Bibel, hält sich an dieses Dennoch! Obwohl wir Menschen uns oft von Gott abgewendet haben, hat er uns nicht verlassen, sondern seinen Bund mit seinem treulosen Volk immer wieder erneuert Deshalb können wir dem Wort der Bibel trauen: „Der Herr ist mit dir. Er lässt dich nicht fallen und verlässt dich nicht. Fürchte dich nicht. Hab keine Angst!" (Dtn 31,8).

Die Wurzel trägt dich

Wenn aber einige Zweige herausgebrochen wurden
und wenn du als Zweig vom wilden Ölbaum
in den edlen Ölbaum eingepfropft wurdest
und damit Anteil erhieltest an der Kraft seiner Wurzel,
so erhebe dich nicht über die anderen Zweige.
Wenn du es aber tust, sollst du wissen:
Nicht du trägst die Wurzel,
sondern die Wurzel trägt dich.
(Röm 11,17-18)

Wort in den Tag   „Nicht du trägst die Wurzel, sondern die Wurzel trägt dich", schreibt der Apostel Paulus an die Gemeinde in Rom. Wir sind also getragen aus der Kraft eines anderen. Wir haben „Anteil an der Kraft der Wurzel". Was ist damit gemeint?

Der Mensch lebt nicht nur autonom, aus sich selbst und seinen eigenen Kräften und Möglichkeiten. Das Glück und die Vollendung des Lebens kann man nicht berechnen und programmieren, durch eigene Leistung erzwingen. Viele Faktoren spielen hinein. Die wichtigsten Dinge sind gar nicht zu machen, die werden geschenkt. Liebe zum Beispiel kann man nicht erobern und erzwingen. Freundschaft und Vertrauen sind meistens geschenkt. Der „Macher", der „Homo faber", wie man den modernen Menschen nennt, er muss lernen, was es heißt: „Nicht du trägst die Wurzel, die Wurzel trägt dich."

Der Wettbewerb der Tüchtigen bestimmt unsere Leistungsgesellschaft. Dem Tüchtigen gehört die Zukunft. Mit solchen Parolen wird der Mensch in die Pflicht genommen. „Tüchtigkeit" wird die wichtigste Tugend der modernen Gesellschaft, der „Nutzen" die Denkweise, der „Erfolg" das Ziel, die „Leistung" das Gesetz. Wie anders als durch Leistung kann der Mensch seine Existenz rechtfertigen? Das ganze Leben wird zum „Leistungssport". Was fürchtet der Mensch heute? „Ja keinen Leistungsabfall!" Vom Berufs- bis zum Sexualleben: „Nur ja keinen Leistungsabfall!" Man schluckt Vitaminpräparate, um in Form zu bleiben. Im Grunde ein tödlicher Kreislauf, und der Mensch büßt mit dem

Verlust seiner Freiheit. Ein Wort von Erhart Kästner deutet unsere Situation:

„Wird man unser Jahrhundert eines Tages als eines beschreiben, das nichts mehr geschenkt haben wollte? Ein Jahrhundert, das für Geschenke zu stolz war? Ein Jahrhundert, das alles selbst machte, selbst herstellte, so dass Gläubige nicht mehr wussten, wofür sie danken sollten. Denn was berechnet und bezahlt, was geleistet und geliefert wird, lässt uns kühl. Eine Lebensrechnung, die sich nur auf Leistung und Verdienst stützt, geht nicht auf. Sie ist gnadenlos. Erfahrene Güte aber macht gütig."[4]

Wir leisten etwas, wir arbeiten, wir fordern unseren Lohn, wir werden bezahlt und bezahlen. Wir wollen nichts geschenkt. Denn jede Form von Hilfe macht abhängig. Leben wird also gnadenlos? Wer leistungsstark ist, wer fest im Sattel sitzt, beteuert: „Ich brauche keine Hilfe!" So setzt er auf Erfolg und positive Bilanzen. Jeder ist seines Glückes Schmied. Dabei stellen wir uns selbst unter Leistungszwang. Nehmen wir einmal an, da kommt einer, der zu uns sagt: „Mit all deinen Glanzleistungen kannst du mich nicht beeindrucken. Darauf kommt es nicht an. Der Sinn deines Lebens liegt nicht im Erfolg." Wirkt so ein Wort nicht befreiend auf den, der unter dem Druck steht, sich durch Leistungen beweisen zu müssen? Wirkt so ein Wort nicht auch befreiend auf den, der in seinem Leben nur Misserfolge kennt? Wir erinnern uns der zwei Männer, die in den Tempel gingen (Lk 18,9-14). Der eine präsentiert die Goldmedaillen seiner Erfolge und Leistungen. Der andere bleibt hinten im Tempel stehen und schlägt sich an die Brust: „Herr, sei mir Sünder gnädig!" Der Pharisäer ist kein Schönredner. Er hat den Zehnten seines Einkommens abgegeben. Der Zöllner aber steht mit leeren Händen da. Doch dieser geht gerechtfertigt nach Hause. Die biblische Erzählung zeigt, dass Gott keinen Leistungsdruck auf uns ausübt. Sogar Fehlleistungen sind kein Grund zur Verzweiflung. Wer sich Gott anvertraut, bekommt das Leben geschenkt. Gott befreit von Verdienst- und Leistungsdenken. Er fordert nicht gnadenlos positive Bilanzen. Er ist gnädig mit dem ärmsten Sünder.

Impuls Wie gnadenlos leben wir eigentlich? Wenn ich an einem Tag viel leiste und Erfolg habe, fühle ich mich wohl und bin am Abend mit mir zufrieden. Wie stark ist mir das Leistungsdenken anerzogen worden? Kann ich auch mit Misserfolgen umgehen, oder bin ich dann resigniert oder sogar deprimiert?

Gibt es Menschen in meiner Nähe, die mich ernst nehmen und anerkennen, auch wenn ich Fehler mache? Was bedeutet: „Barmherzig miteinander umgehen"?

Aus Gnade sind wir gerettet

Aus Gnade seid ihr gerettet.
Er hat uns mit Christus Jesus auferweckt
und uns zusammen mit ihm einen Platz im Himmel gegeben.
Dadurch, dass er in Christus Jesus gütig an uns handelte,
wollte er den kommenden Zeiten
den überfließenden Reichtum seiner Gnade zeigen.
Denn aus Gnade seid ihr durch den Glauben gerettet,
nicht aus eigener Kraft – Gott hat es geschenkt –,
nicht aufgrund eurer Werke, damit keiner sich rühmen kann.
(Eph 2,6-9)

Wort in den Tag   Aus dem Brief des Apostels Paulus an die
Römer hörten wir gestern: „Nicht du trägst die Wurzel, die Wur-
zel trägt dich." (Röm 11,18) „Erhebe dich deshalb nicht über an-
dere." Im Brief an die Epheser begründet Paulus das Wirken der
Gnade im menschlichen Leben: „Aus Gnade seid ihr gerettet."
„Nicht aus eigener Kraft ... nicht aufgrund eurer Werke", sagt
Paulus, „sondern durch den Glauben und durch Jesus Christus
seid ihr gerettet."

In einer Zeit, in der Leistungszwang und das Erfolgsstreben viele unfrei und unglücklich machen, sind für mich die Worte des
heiligen Paulus voller Bedeutung. Alles, was heute für den
Menschen hilfreich ist, dem „gnadenlosen Leistungsstreben" zu
entkommen, möchte ich weitersagen. Denn es gibt zu viele
Spielformen von äußeren und inneren Leistungszwängen. Besonders der innere Leistungsdruck nimmt uns alle Freiheit und
Freude.

Ich erinnere mich an einen jungen Ordensmann, der mir erzählte, wie er befreit wurde. Er hatte mit Erfolg sein Studium
abgeschlossen und später sogar zum Doktor der Theologie pro-
moviert. Aber er war nie richtig zufrieden und froh. Immer
wollte er noch mehr und noch besser sein. Auch im religiösen
Streben fand er sein Gebet immer unvollkommen. Befreit von
diesem Zwang hat ihn das Wort: „Ich darf vor Gott als Sünder
stehen!" Als er dieses Wort für sich angenommen hatte, konnte
er auch mit Unvollkommenheiten leben. Seine Verwandlung

hat ein alter Bruder seines Konventes so beschrieben: „Früher warst du stark, und wir haben dich bewundert. Heute kannst du Schwächen zugeben, und wir finden dich sympathisch."

In einem Jahrhundert, in dem man für Hilfe zu stolz ist und sich nichts schenken lassen will, in einem Jahrhundert, in dem man sein gutes Recht und den Lohn einfordert und alles in eigener Regie machen will, möchte ich das Wort des Apostels Paulus wiederholen: „Was hast du, das du nicht empfangen hättest?" (1 Kor 4,7) Das Leben selbst ist Gnade, nicht Leistung. Die wichtigsten Dinge des Lebens sind Gnade: Liebe und Freundschaft, Vertrauen und Versöhnung.

Und jene, die mit sich selbst und mit anderen „gnadenlos" leben, erinnere ich an ein Wort von Ionesco: „Außer der Kindheit gibt es nur die Gnade, die uns darüber hinwegtröstet, dass wir leben."

Impuls Als die Jünger sich stritten: „Wer ist der Größte im Himmelreich?", da stellte Jesus ein Kind in ihre Mitte und sagte: „Wenn ihr nicht werdet wie die Kinder, dann könnt ihr nicht ins Himmelreich eingehen." (vgl. Mt 18,1-5; Mk 9,33-37; Lk 9, 46-48) Was ist das Kindlichste am Kind? Könnte man sagen: die Blickrichtung? Das Kind schaut nicht auf andere herab. Es kennt noch nicht den neidischen Seitenblick. Das Kind schaut nach oben nach dem Gesicht der Mutter, des Vaters. Das Kind lebt vom Geschenk der Liebe. Es leuchtet von der Gnade.

Heute möchte ich mich auf die Suche nach dem Kind in mir machen. Auf das Kind kommt es an. Wer es findet, erkennt: Das Leben ist nicht nur Leistung, sondern Gnade.

Quellen, aus denen wir schöpfen

Ich, Jesus, habe meinen Engel gesandt
als Zeugen für das, was die Gemeinden betrifft.
Ich bin die Wurzel und der Stamm Davids,
der strahlende Morgenstern.
Der Geist und die Braut aber sagen: Komm!
Wer hört, der rufe: Komm! Wer durstig ist, der komme.
Wer will, empfange umsonst das Wasser des Lebens.
(Offb 22,16-17)

Wort in den Tag   „Bäume sind Gedichte, die die Erde in den Himmel schreibt", sagte der Dichter Kahlil Gibran. Die Bäume umarmen die Erde und atmen die Freiheit und Weite des Himmels. Das Grün der Bäume und das Blau des Himmels verbinden sich im Herbst zum Zusammenspiel aller Farben unter dem siebenfarbigen Regenbogen. Jeder Baum ist ein Gedicht und ein Wunder der Schöpfung.

Tief wurzelt der Baum im Dunkeln der Erde. Sein Wurzelwerk entspricht der Entfaltung seiner Krone. Er produziert viele Produkte. Er ist ein richtiges Unternehmen, ein Industriekonzern, wie wir Menschen sagen würden. Seine Kraft liegt nicht in der Krone, sondern in seinen Wurzeln. Sie versorgen ihn mit Wasser und lebenswichtigen Mineralien. Sie pumpen jährlich tausende Liter Nährstoffe in den Stamm und die Zweige. Was wir nicht an ihm sehen, ist sein Geheimnis. Auf die Wurzeln kommt es an. Auch beim Menschen kommt es auf die Wurzeln an. Zu viele sind entwurzelt. Sie wissen gar nicht richtig, wo sie hingehören. Sie suchen mal hier, sie suchen mal da. Wo sind die Quellen, aus denen wir leben?

In der Entbehrung wächst die Sehnsucht, der Durst, den man nicht stillen kann mit Getränken aus dem Supermarkt. Tief muss man heute seine Wurzeln treiben bis zu den unterirdischen Wasseradern, um in Dürrezeiten nicht zu verdursten. Ich wünsche mir manchmal eine Wünschelrute. Die unterirdischen Wasseradern möchte ich neu entdecken. In der Wüstenlandschaft meines Lebens Brunnen graben. Denn wo Brunnen sind, entstehen auch Oasen. Meinen Durst nach Zärtlichkeit und

Wärme, meine Sehnsucht nach Geborgenheit und Liebe möchte ich stillen. Ich möchte mit der Wünschelrute neu nach den Quellen suchen, aus denen ich schöpfen kann. Meine Blockierungen möchte ich lösen, damit tief innen die Energien neu fließen. In der Quelle möchte ich verwurzelt sein, die Gottes Wort für mich zum Lebensbrunnen macht.

Oft habe ich in Gruppengesprächen den Teilnehmern zwei Fragen vorgelegt: Was erschöpft mich? – Woraus schöpfe ich? Es ist wichtig zu benennen, was mich auslaugt und kaputt macht. Es ist wichtig zu benennen, was mich neu belebt: Ein gutes Buch, Musik oder ein Spaziergang durch den Wald. Ein gutes Gespräch und die Erfahrung einer verlässlichen Freundschaft. Stille und Meditation oder das Vertrauen, dass Gottes Hand mich hält. Die Erfahrung lehrt, dass es in Zeiten der Erschöpfung hilfreich ist, sich zu erinnern, was früher Quellen waren, aus denen man lebte. Jeder kennt für sich den Brunnen, an dem er seine leere Lebensschale füllen kann.

Impuls In der Mitte eines alten Bauernhofes war ein Ziehbrunnen. Generationen schöpften täglich ihr Wasser daraus, köstliches, kühles Wasser aus der Tiefe des Erdreiches. Dann kam das technische Zeitalter. Der junge Bauer deckte den alten Brunnen zu und legte eine elektrische Pumpe an. Nach Jahren erinnerte sich der Mann an das frische, köstliche Wasser aus dem Brunnen in der Mitte des Gehöfts. Er deckte ihn auf und war überrascht, dass der Brunnen ausgetrocknet war. Jahrhunderte hatte er seinen Vorfahren Wasser gespendet, jetzt war er versandet. Ein Geologe erklärte es ihm. Ein Brunnen speist sich durch viele kleine Wasseräderchen. Wenn man nicht ständig Wasser schöpft, versanden die kleinen Bächlein, und der Brunnen trocknet aus.

Neuer Trieb aus alter Wurzel

Doch aus dem Baumstumpf Isais wächst ein Reis hervor,
ein junger Trieb aus seinen Wurzeln bringt Frucht.
Der Geist des Herrn lässt sich nieder auf ihm:
der Geist der Weisheit und der Einsicht,
der Geist des Rates und der Stärke,
der Geist der Erkenntnis und der Gottesfurcht.
Er richtet nicht nach dem Augenschein,
und nicht nur nach dem Hörensagen entscheidet er,
sondern er richtet die Hilflosen gerecht
und entscheidet für die Armen des Landes, wie es recht ist.
(Jes 11,1-4)

Wort in den Tag   Jeder kennt das Bild, das uns die Natur vielfältig vor Augen stellt: Ein alter Baumstumpf, fast schon vermodert, treibt einen frischen, grünen Zweig. Welche Lebenskraft steckt in einer alten Wurzel! Das ist die Botschaft des Baumes über Tod und Auferstehung. Bäume sind im Sterben geübt. Aber so eine alte Wurzel erzählt auch die Geschichte ihres Kampfes, ihres Aufbäumens. Aus dem uralten Holz wächst neues Leben. Tod und Auferstehung – das ist der Sieg der uralten Wurzel über den Tod. Im Buche Hiob ist dies so beschrieben: „Für den Baum besteht noch Hoffnung, ist er gefällt, so treibt er wieder, sein Sprössling bleibt nicht aus. Wenn in der Erde seine Wurzel altert und sein Stumpf im Boden stirbt, vom Dunst des Wassers sprosst er wieder, und wie ein Setzling treibt er Zweige." (Ijob 14,7-9) Ein verlässliches Bild gegen die Angst.
Dieses Bild der uralten Wurzel, die einen neuen Schössling treibt, hat der Prophet Jesaja beschrieben, als für sein Volk Israel keine Hoffnung mehr bestand. „Aus Isais Stumpf sprosst ein Reis, und ein Schössling bricht hervor aus seinem Wurzelstock." (Jes 11,1) Der alte Isai oder Jesse genannt war der Vater des Königs David. Er ist die Wurzel, aus der das Gottesvolk hervorgeht. Jesus gilt als Spross Isais. In der Kunst wird Jesse manchmal dargestellt, wie aus dem Leib des betagten Mannes eine alte Wurzel herauswächst und zu einem großen Baum wird. In den vielen Ästen sind die Stammväter als Könige dargestellt. In der

Krone des Stammbaumes Davids erscheint Maria, die Jesus, den Spross Davids, auf dem Arm trägt. Die Evangelisten nennen Jesus den Sohn Davids. Matthäus und Lukas belegen diese Aussage mit den Stammbäumen am Anfang ihrer Evangelien.

Die Wurzel Jesse ist geheiligt und entfaltet sich, wie der Psalm 80 sagt: „Du schufst ihm weiten Raum, er hat Wurzeln geschlagen und das ganze Land erfüllt." Aber das Volk Gottes vergaß seinen Ursprung und verleugnete Gott. Der Baum verdorrte. Doch der alte Baumstumpf brachte neues Leben hervor. Die Wurzel Jesse trieb ein junges Reis. Jesus ist dieser junge Schössling, wie es das bekannte Weihnachtslied besingt. „Es ist ein Ros entsprungen aus einer Wurzel zart, wie uns die Alten sungen, von Jesse kam die Art ... Das Röslein, das ich meine, davon Jesaja sagt, ist Maria, die Reine, die uns das Blümlein bracht."[5] Aus der Kraft der Wurzel Jesse wächst das Volk Gottes. Jesus Christus, der Messias, der Spross Davids, hat uns versprochen: „Ich bin bei euch alle Tage bis zum Ende der Welt." (Mt 28,20) Manchmal lässt Gott uns lange warten. Wenn für den Wurzelstumpf alles zu Ende scheint, wenn überhaupt keine Aussicht auf Zukunft mehr möglich erscheint, dann beginnt das Leben überraschend neu. Vorher muss viel absterben, damit Neues wachsen kann. Die „ars vivendi" setzt immer die „ars moriendi" voraus. „Wenn das Weizenkorn nicht in die Erde fällt und stirbt, bleibt es allein; wenn es aber stirbt, bringt es reiche Frucht." (Joh 12,24) Dann schenkt Gott die Zukunft und ein neues Leben für eine hundertfältige Frucht. Das Bild taugt, es ist ein verlässliches Bild gegen die Angst. Aus uralter Wurzel ein neuer Zweig. Niedergang oder Neuanfang? Resignation oder Hoffnung? Tod oder Auferstehung? Wird verdorrte Hoffnung neue Blüten treiben? Es sind die Wurzeln, die uns am Leben erhalten. Auf die Wurzeln kommt es an!

Impuls Aus der Kraft der Wurzel leben, heißt, daran glauben, dass das Abgestorbene, Verdorrte in mir neu wachsen kann. Manchmal müssen wir lange warten. Aber wenn wir erfahren, dass wir aus eigener Kraft nichts mehr vermögen, dann beginnt es neu zu wachsen. Gott schenkt am Ort des Todes Auferstehung.

Verdorrt ist manchmal die Fähigkeit, menschliche Beziehungen aufzubauen und zu pflegen. Verdorrt ist manchmal die Bereitschaft zur Versöhnung. Der Rückzug in Festungsmauern blockiert jede Annäherung. Verdorrt ist manchmal unser religiöses Leben. Das Gebet ist eine trockene Formel und dürre Pflicht. Eine Bitte bleibt mir immer: „Um den neuen Schössling bitte ich, Herr, damit das Verdorrte in mir zu neuem Leben erwacht. Und bitte: Hab Geduld mit mir!"

Das Apfelbäumchen

Jesus sagte:
Sobald ihr im Westen Wolken aufsteigen seht,
sagt ihr: Es gibt Regen.
Und es kommt so.
Und wenn der Südwind weht, dann sagt ihr: Es wird heiß.
Und es trifft ein. ...
Das Aussehen der Erde und des Himmels könnt ihr deuten.
Warum könnt ihr dann die Zeichen dieser Zeit nicht deuten?
(Lk 12,54 f)

Wort in den Tag   „Wenn morgen die Welt unterginge, würde ich heute noch ein Apfelbäumchen pflanzen." Dies Wort von Martin Luther wird besonders oft zitiert. Den Unheilspropheten zum Trotz setzt man auf Zukunft. Das kleine Apfelbäumchen, dessen Äpfel man selber gar nicht mehr ernten wird, sondern die kommende Generation, wird zum Zeichen der Hoffnung.
Bei einer Tagung der Frauengemeinschaft eines Bistums führten die Landfrauen ein kurzes Spiel auf. Sie pflanzten einen Baum: „Ich pflanze einen Baum", sprach eine der Frauen und setzte einen Baum in die Erde. Andere kamen hinzu, schüttelten den Kopf und sagten: „Welch ein Unsinn, einen Baum zu pflanzen! Du musst dich darum kümmern, dass der Baum angeht, musst den Boden bearbeiten und bewässern. Sei nicht so dumm und mach dir nicht die viele Arbeit!" „Ich pflanze meinen Baum", sprach die Pflanzerin unbeirrt von dieser Einrede. Wieder erhoben sich die Stimmen: „Du hast doch nichts davon. Bevor der Baum Früchte bringt und Schatten geben kann, bist du längst alt oder gar schon gestorben. Was willst du dich für andere quälen?" „Ich pflanze heute meinen Baum", sprach die Frau. Die Einreden verstummten nicht. „Weißt du denn, ob in Zukunft überhaupt noch Bäume wachsen können? Denk an das Baumsterben und an die Luftverschmutzung. Kann man es heute noch verantworten, einen Baum zu pflanzen?" „Ich pflanze trotzdem heute meinen Baum!" Bei diesen Worten bekam die Frau von den fast 5000 Versammelten großen Beifall.[6] Sie hatten verstanden, dass hier ein Zeichen der Hoffnung gesetzt wur-

de. Es braucht Menschen, die trotzdem und dennoch auf die Zukunft setzen.

Es gibt tausend Gründe, aufzugeben und die Hände in den Schoß zu legen. Das Wort von Martin Luther ist ein Protest gegen diese Haltung: „Wenn morgen die Welt unterginge, würde ich heute noch ein Apfelbäumchen pflanzen." Solche Worte brauchen wir in unserer verunsicherten Zeit. Denn die negativen Gedanken können uns krank machen. Sie setzen sich in unserem Inneren fest, hemmen und blockieren uns.

Schon im vierten Jahrhundert haben sich Mönche mit der Wirkung der negativen Gedanken beschäftigt. Sie versuchten, mit Worten der Bibel den Einwänden ein positives Denken entgegenzusetzen. Wenn negative Gedanken sie belästigten, wiederholten sie in ihrem Gedächtnis Worte der Heiligen Schrift. Sie nannten diese Methode „Antirhetikon" – Gegenrede.

Zum Mönchsvater Evagrius kam ein junger Mann und bat um seinen Rat: „Wenn ich morgens aufwache, fürchte ich mich vor dem neuen Tag. Gleich geht mir der Gedanke durch den Kopf: Was wird heute wieder passieren?" Der Mönch antwortete: „Beginne deinen Tag mit dem Psalmvers: ‚Mit meinem Gott überspringe ich Mauern.' (Psalm 18) Wiederhole den Psalmvers jedes Mal, wenn du Angst hast! Das Wort Gottes wird dich frei machen." Natürlich kann man Krankheit und Depressionen nicht mit einem Bibelspruch heilen. Wenn wir aber Gottes Wort in uns wirken lassen, werden die negativen Gedanken zurückgedrängt. Die Kraft des Wortes kann uns wandeln. Vielleicht ist das ein gutes Psalmwort, auch für den heutigen Tag: „Mit meinem Gott überspringe ich Mauern."

Impuls Ein Wort, das im Alten und Neuen Testament besonders häufig vorkommt, heißt: „Fürchte dich nicht!" Es scheint ein Urwort aus dem Munde Gottes zu sein. Ein Bibelwissenschaftler[7] hat einmal nachgezählt, wie oft dieses Wort in der Heiligen Schrift steht. Es kommt dort genau 365-mal vor. Ein Zufall oder ein Zeichen? 365-mal „Fürchte dich nicht!" Für jeden Tag des Jahres einmal. Auch für heute: „Fürchte dich nicht!"

Wachse in mir

Er ist das Ebenbild des unsichtbaren Gottes,
der Erstgeborene der ganzen Schöpfung.
Denn in ihm wurde alles erschaffen im Himmel und auf Erden,
das Sichtbare und das Unsichtbare,
Throne und Herrschaften, Mächte und Gewalten;
alles ist durch ihn und auf ihn hin geschaffen.
Er ist vor aller Schöpfung, in ihm hat alles Bestand ...
Denn Gott wollte mit seiner ganzen Fülle in ihm wohnen,
um durch ihn alles zu versöhnen.
Alles im Himmel und auf Erden wollte er zu Christus führen,
der Friede gestiftet hat am Kreuz durch sein Blut.
(Kol 1,15-20)

Wort in den Tag   Ein Bild hatte ich von ihm gesehen, diesem Baum, den sie „Balzer Herrgott" nennen. Als ich im Schwarzwald einige Urlaubstage verbrachte, machte ich mich auf, ihn zu suchen. Vielleicht pilgerte ich zu ihm wie bei einer Wallfahrt? Zwischen Waldkirch und Furtwangen liegt Gütenbach. Von dort erreicht man die Anhöhe Fallengrund. Dann hinunter zum Mörderloch. Vor hundert Jahren stand über dem Tal von Wildgutach ein stattlicher Bauernhof der Familie Balzer. Heute stehen hier die Schwarzwaldtannen besonders dicht und hoch. Auf einer kleinen Lichtung breitet eine alte, knorrige Buche ihre Arme aus. Unter diesem Baum stand das Hofkreuz, das vermutlich schon im 16. Jahrhun-

dert hier aufgerichtet wurde. Der Christuskorpus ist kunstvoll aus Sandstein geschlagen. Dann brannte der Hof ab. Das Kreuz stand wie ein Mahnmal unter der Buche.

Dann nahm sich die Legende seiner an. Die Legende erzählt: Als einem Jäger das Wild entgangen war, schoss er voll Zorn dem Christus die Beine und Arme ab. Ein Hirtenjunge, der vorbeikam, nahm das Bildwerk, das am Boden lag, und lehnte es an den Stamm der Buche. Der Baum umwuchs das Bild, hob es allmählich empor und im Laufe der Jahrzehnte wuchs der Christus immer tiefer in die Buche hinein. Heute sieht man nur noch das dornengekrönte Haupt, das vom Holz umfangen und geborgen scheint.

Das geschändete Kreuz wurde von einem Baum geehrt. Heute kommen Kinder und stellen einen Strauß Wiesenblumen vor den Balzer-Herrgott. Der Baum und Christus in ihm wird zum Zeichen für uns Menschen. Ich stelle mir vor, das hat der Apostel Paulus gemeint: „Alles ist durch ihn und auf ihn hin geschaffen ... Er ist vor aller Schöpfung, in ihm hat alles Bestand ... Gott wollte mit seiner ganzen Fülle in ihm wohnen." Christus ist gegenwärtig in den Elementen dieser Welt. Und Gott wohnt mit seiner ganzen Fülle durch Christus auch in uns. Wenn wir Christus in uns aufnehmen, wenn wir ihn immer tiefer in uns hineinwachsen lassen, wird seine Gestalt in uns sein. Am Ende ist er ganz in uns und vollendet uns zu dem Bild, nach dem wir geschaffen sind.

Impuls Ein Gebet von Pierre Olivaint soll mich heute begleiten: „Wachse, Jesus, wachse in mir. In meinem Geist, in meinem Herzen, in meiner Vorstellung, in meinem Sinn. Wachse in mir in deiner Milde, in deiner Reinheit, in deiner Demut, deiner Liebe. Wachse in mir mit deiner Gnade, deinem Licht und deinem Frieden. Wachse in mir zur größeren Ehre Gottes."[8]

Von Bäumen träumen

> *Wir hatten einen Traum, aber es ist keiner da,*
> *der ihn auslegen kann.*
> *Josef sagte zu ihnen: Ist nicht das Träumedeuten Sache Gottes?*
> *Erzählt mir doch!*
> *Darauf erzählte der Obermundschenk Josef seinen Traum.*
> *Er sagte zu ihm: Im Traum sah ich vor mir einen Weinstock.*
> *Am Weinstock waren drei Ranken, und es war mir,*
> *als triebe er Knospen.*
> *Seine Blüten wuchsen, und schon reiften die Beeren*
> *an seinen Trauben.*
> *(Gen 40,8-10)*

Wort in den Tag   „Menschen, die von Bäumen träumen, erfahren inneres Wachstum", stellt C.G. Jung fest.[9] Die Tiefenpsy-
chologie weiß um die Bedeutung der Baumsymbole im Inneren
des Menschen. Was zeichnet ein Kind, wenn man ihm ein Blatt
Papier und einen Stift gibt? Das Kind zeichnet ein Haus und einen Baum. Haus steht für Sehnsucht nach Geborgenheit und
Wärme. Baum steht für Entfaltung, Kreativität und Wachstum.
Im Baum ist ein Kern, ein Funke verborgen, der Leben vom
ewigen Leben ist. Einmalig ist der Entwurf in ihm, den er zur
Entfaltung bringen soll. Nie abgeschlossen ist das Wachstum in
unendliche Weiten hinein. Seine Phantasie überschreitet alle
Horizonte. So auch der Mensch. Er ist keine Eintagsfliege, die
nicht über den Tellerrand des Alltags hinwegschaut. Die Schwere der Erde durchbricht er und holt sich den Glanz des Himmels
herab. Er ist wie ein Baum, der tief in der Erde verwurzelt ist,
aber mit seiner Krone den Himmel berührt. In seinem Inneren
sind die Bilder schon längst ausgeformt. Wer von Bäumen
träumt, erfährt inneres Wachstum.
Der Traum ist Quelle neuer Dynamik und neuer Aufbruchstim-
mung. „Nur wer Mut hat zu träumen, hat auch Kraft zu kämpfen", sagte Martin Luther King, der Streiter um Freiheit und
Gleichheit. In Krisenzeiten und turbulenten Phasen sind Träume unentbehrlich. Sie sind wie ein Leitstern in der Dunkelheit,
wie ein Kompass, der die Fahrtrichtung klärt. In Umbruchzeiten

wird oft das Fehlen von Visionen und Träumen schmerzhaft vermisst. Die Resignation bestimmt dann alles.

Träume sind auch in unserem persönlichen Leben die Alternative gegen Enttäuschungen und Resignation. Auf den Trümmern unserer Erwartungen suchen wir nach den Leuchtspuren durch die Dunkelheit. Zu oft erleben wir, dass unsere Träume zerbrechen: Als wir jung waren, bauten wir viele Traumschlösser. Der Traum von der großen Liebe. Der Traum vom Erfolg und der großen Karriere. Traumhaft schöne Reisen, Sonnenschein und Glück. Was ist aus unseren Kinderträumen geworden? Wenn Sie zurückschauen: Aus der Traum! Zerbrochene Träume: Sie fanden Erfüllung in Ihrem Beruf. Ihre Aufstiegschancen waren gut. Ihre Familie war stolz auf Sie. Dann der Zusammenbruch der Firma. Der Arbeitsplatz wurde einfach wegrationalisiert: Aus der Traum! Zerbrochene Träume: Sie haben sich nicht geschont. Sie freuten sich darauf, nach der Pensionierung mehr Zeit für sich zu haben. Sie haben dafür gespart. Doch dann kommt die Krankheit. Oder der Partner stirbt plötzlich. Sie sitzen allein in den vier Wänden: Aus der Traum!

Wie sollen wir leben in einer Welt, in der unsere besten Hoffnungen enttäuscht werden? Jeder Schmerz über einen zerbrochenen Traum ist ein Ruf nach Erlösung. Wenn wir den Blick von den Bruchstücken vergangener Tage lösen, wenn wir nicht nur an der Vergangenheit kleben, dann wächst der Mut, die Bilder der Träume wieder neu zu entdecken. Dann kann hilfreich sein, wenn ich vor einem alten Baum stehen bleibe und ihn länger betrachte: seine abgebrochenen Äste, seine Wunden, die der Sturm ihm geschlagen hat. Aufgegeben hat er nie. Ein Waldspaziergang kann hilfreich sein. Denn die Bilder in uns werden wieder geweckt. Vielleicht beginne ich, wieder von Bäumen zu träumen. Und wer von Bäumen träumt, erfährt inneres Wachstum.

Impuls Lieder besingen unsere Traumbilder. Das Lied „Am Brunnen vor dem Tore" ist voller solcher Bilder. Der Brunnen, das Haus und der Baum, Bilder, wie Kinder sie gerne malen.

Der Lindenbaum

Am Brunnen vor dem Tore,
Da steht ein Lindenbaum;
Ich träumt in seinem Schatten
So manchen süßen Traum.

Ich schnitt in seine Rinde
So manches liebe Wort;
Es zog in Freud und Leide
Zu ihm mich immer fort.

Ich muss auch heute wandern
Vorbei in tiefer Nacht,
Da hab ich noch im Dunkeln
Die Augen zugemacht.

Und seine Zweige rauschten,
Als riefen sie mir zu:
Komm her zu mir, Geselle,
Hier findst du deine Ruh!

Die kalten Winde bliesen
Mir grad ins Angesicht,
Der Hut flog mir vom Kopfe,
Ich wendete mich nicht.

Nun bin ich manche Stunde
Entfernt von jenem Ort,
Und immer hör ich's rauschen:
Du fändest Ruhe dort!

Wilhelm Müller

Der Traum vom Weltenbaum

Hör also, was ich im Traum gesehen habe, und deute es mir!
Was ich auf meinem Lager vor Augen hatte, war dies:
Da stand ein Baum mitten auf der Erde; er war sehr hoch.
Der Baum wuchs zusehends und wurde immer mächtiger;
seine Höhe reichte bis an den Himmel;
er war bis ans Ende der ganzen Erde zu sehen.
Er hatte prächtiges Laub und trug so viele Früchte,
dass er Nahrung für alle bot.
Unter ihm fanden die wilden Tiere des Feldes Schatten;
die Vögel nisteten in seinen Zweigen;
alle Lebewesen ernährten sich von ihm.
Während ich auf meinem Lager noch das Traumbild sah,
stieg ein Wächter, ein Heiliger, vom Himmel herab.
Er befahl mit mächtiger Stimme:
Fällt den Baum, und schlagt seine Äste ab!
Streift sein Laubwerk ab, und zerstreut seine Früchte!
Die Tiere sollen aus seinem Schatten fliehen
und die Vögel aus seinen Zweigen ...
Das ist der Traum, den ich, König Nebukadnezzar, gehabt habe.
(Dan 4,6-11,15)

Wort in den Tag In Träumen erscheinen Bäume – Bilder aus einer tief eingeprägten Symbolwelt. Ein uraltes Traumbild ist das vom Weltenbaum. Im Buch Daniel sieht König Nebukadnezzar den Baum, der bis in den Himmel wächst. (Kapitel 4,7-11)

Um 600 vor Christus war Nebukadnezzar der mächtigste Mann der Welt. Im Bild vom Weltenbaum, der allen Lebewesen Herberge gewährt, träumt er von einem erdumfassenden Reich. Aber der Traum vom selbst gepflanzten Weltenbaum scheitert. Der Baum wird gefällt. Das ist die geschichtliche Realität. Kein Reich in dieser Welt erreichte es jemals, dass die Menschen auf Dauer von seinen Früchten leben und in seinem Schatten wohnen konnten. In dieser Situation bietet Gott uns seine Alternative an. Er hat sich in Jesus mit seiner göttlichen Kraft eingewurzelt in unsere Welt. Er hat „Fuß gefasst" in unserer Geschichte mit seinem unerschöpflichen und unzerstörbaren Leben. Jetzt kann wachsen, was die Menschen seit alters erträumen: ein Reich des Friedens und der Gerechtigkeit. An das Traumbild vom Weltenbaum im Buch Daniel knüpft die Verkündigung Jesu im Gleichnis vom Senfkorn an. So wirkt die Kraft Gottes und verwandelt alles. Das kleinste der Samenkörner wächst zu einem großen Baum heran, in dessen Zweigen die Vögel des Himmels wohnen. (Mt 13,31-32) Dieses Gleichnis setzt den Traum vom Weltenbaum fort. Hier wächst der Lebensbaum heran, der allen Lebewesen Nahrung, Schutz und glückliche Zukunft schenkt. Die Kraft eines einzigen Korns ist so groß, dass es alles verwandeln kann.

Sie fragen: Wo wächst dieser Baum? Wo spüren wir etwas von ihm? Mit Christus ist der Same gelegt. Das kleinste der Samenkörner wird seine Kraft entfalten. In Christus hat das Reich Gottes schon begonnen. An uns liegt es jetzt, daran mitzuarbeiten.

Impuls Ein junger Mann hatte einen Traum. Er betrat einen Laden. Ein engelhaftes Wesen begrüßte ihn. Der junge Mann fragte: „Was kann man hier kaufen?" Der Engel antwortete: „Alles, was Sie wollen!" Da kamen dem träumenden jungen Mann all seine Probleme in den Sinn, und er sprudelte heraus: „Dann hätte ich gern ein besseres Verhältnis zu meiner Frau, einen neuen Arbeitsplatz, eine gesündere Umwelt, Abrüstung und Frieden unter den Völkern und mehr Freundlichkeit unter den Menschen und mehr Glauben an Gott ..." Der Träumende hätte noch weiter gesprudelt, aber der Engel fiel ihm ins Wort: „Entschuldigen Sie, mein Herr, wir verkaufen hier nicht die Früchte; wir verkaufen nur den Samen."

Bäume des Lebens

Und er zeigte mir einen Strom, das Wasser des Lebens,
klar wie Kristall;
er geht vom Thron Gottes und des Lammes aus.
Zwischen der Straße der Stadt und dem Strom, hüben und drüben,
stehen Bäume des Lebens.
Zwölfmal tragen sie Früchte, jeden Monat einmal;
und die Blätter der Bäume dienen zur Heilung der Völker.
Es wird nichts mehr geben, was der Fluch Gottes trifft.
(Offb 22,1-3)

Wort in den Tag   Seit Jahrtausenden ist der Baum das Sinnbild des zeitlichen und ewigen Lebens. Fest verwurzelt mit der Mutter Erde streckt er seine Krone dem Himmel entgegen. Im Kreislauf des Jahres erneuern sich seine vitalen Kräfte der Natur. Er trägt Früchte und heilende Blätter. Der Baum ist der Inbegriff von Harmonie und Fruchtbarkeit in der Schöpfung Gottes geworden.

Doch das Bild des Anfangs, das Bild vom Baum der Erkenntnis und des Lebens, wie das Buch Genesis es uns zeigt, hat sich total gewandelt. Durch die Schuld des Menschen, der sich an die Stelle Gottes setzen wollte, wurde der Baum des Paradieses zum Baum des Todes. Doch die Vision vom Paradies ist nicht verloren gegangen.

In großer Bedrängnis schreien die Glaubenden in der Apokalypse, die am Ende des ersten christlichen Jahrhunderts entstand: „Wie lange zögerst du noch, Herr?" (Offb 6,10) In ihrer Not aber bauten sie auf die Verheißungen Gottes: „Wer siegt, dem werde ich vom Baum des Lebens zu essen geben, der im Paradies Gottes steht." (Offb 2,7) Der erhöhte Herr wird aber das Heil endgültig zur beglückenden Vollendung führen. Das ist die Kernaussage des letzten Buches des Neuen Testamentes, der Offenbarung des Johannes.

Nach der Paradieserzählung ist uns Menschen die Teilnahme am Leben Gottes verwehrt (Gen 3,22). Dennoch ist uns das Leben mit Gott in unüberbietbarer Fülle verheißen (Offb 22,1f.). Deshalb wird in der Johannesapokalypse auch das Bild vom Baum des Lebens (Gen 2,9; 3,22) wieder aufgegriffen und ganz bewusst überboten: „Zwischen der Straße der Stadt und dem Strom, hüben und drüben, stehen Bäume des Lebens. Zwölfmal tragen sie Früchte, jeden Monat einmal; und die Blätter der Bäume dienen zur Heilung der Völker." (Offb 22,2)

Mit der apokalyptischen Darstellungsweise der Überbietung biblischer Einzelbilder erreicht Johannes hier einen imposanten Brückenschlag vom Paradies zur endzeitlichen Vollendung im neuen Jerusalem. Johannes verbindet die Bilder von der Stadt (dem himmlischen Jerusalem) mit denen vom Paradies, besonders dem vom Baum des Lebens (Gen 2,9). Er spricht dabei – wiederum in Überbietung – von einer Allee von Lebensbäumen und beschreibt das alle Völker einschließende Heil der Endzeit. Die Lebensbäume bringen zwölfmal im Jahr ihre Früchte, und ihre Blätter heilen und machen alle gesund.

Die eschatologische Heilsgemeinde wird durch das Erlösungswerk Jesu Christi aus allen Völkern zusammengeführt. Und schließlich stellt er heraus, dass es im endzeitlichen Paradieseszustand „nichts Verfluchtes mehr geben wird" (so wörtlich), denn die Übertretung des Gebotes, die zur Vertreibung aus dem Paradies führte, ist dann durch Jesu Erlösungstat überholt. Dann also – und dies ist das bewegende Bild der Hoffnung, in dem die ganze Fülle des verheißenen Paradieses mitschwingt –, dann also werden wir „essen dürfen vom Baum des Lebens, der im Paradies Gottes steht" (Offb 2,7) – ja von den Bäumen des Lebens, die heilmachende Gemeinschaft mit Gott schenken.

Impuls Sind das leere Trugbilder oder phantasievolle Illusionen? Denken wir heute nicht viel realistischer? Die Johannesapokalypse warnt uns auf Schritt und Tritt vor falschen Illusionen. Der harte Lebenskampf der Christen in dieser von Gott entfremdeten Welt erlaubt es nicht, das Leben auf erträumten Utopien aufzubauen. Der reale Grund der christlichen Existenz liegt darin, dass es keinen „Baum des Lebens" gibt, der nicht zugleich „das Holz des Kreuzes" ist. Der Kreuzestod Jesu will uns das felsenfeste Fundament sein, auf dem der Baum des neuen Paradieses steht, das Kreuz der Angelpunkt der Weltgeschichte. Vom Baum des Kreuzes kommt neues Leben.

Das eingeritzte Herz

Mose sagte zum Volk:
Denkt an diesen Tag, an dem ihr aus Ägypten,
dem Sklavenhaus, fortgezogen seid;
denn mit starker Hand hat euch der Herr von dort herausgeführt
...
An diesem Tag erzähl deinem Sohn:
Das geschieht für das, was der Herr an mir getan hat,
als ich aus Ägypten auszog.
Es sei dir ein Zeichen an der Hand
und ein Erinnerungsmal an der Stirn,
damit das Gesetz des Herrn in deinem Mund sei.
Denn mit starker Hand hat dich der Herr
aus Ägypten herausgeführt.
(Ex 13,3.8f)

Wort in den Tag   M und N waren als Initialen in die Rinde der Buche geritzt worden. Wir gingen weiter auf unserem Weg. „Miriam und Norbert, Martin und Nicole ..." Es machte uns Spaß, die Namen zu kombinieren. Um diese Buchstaben war ein Herz eingeritzt. Der Baum war in den Jahren gewachsen und das Herz mit ihm.

„Wächst das Herz mit den Jahren? Wachsen Freundschaft und Liebe? Oder schrumpfen sie?", fragte mein Begleiter. Jedenfalls bleibt so ein Zeichen der ersten Liebe etwas Kostbares. „Ob man in Zeiten der Krise zu einem solchen ‚Denkmal' zurückkehren sollte? Sich erinnern an die Küsse und Liebesschwüre?", wollte ich wissen. „Das kann helfen", meinte mein Freund.

Erinnerungen haben Bedeutung in unserem Leben. Gute Erinnerungen bleiben länger als schlechte, las ich. Wir machen Fotos von Festen und Ferien. Wir erinnern uns gern. Die schlechten Erfahrungen verdrängen wir lieber. Doch wir sollten uns besser versöhnen mit ihnen. Ich wünsche mir, dass meine guten und schlechten Erinnerungen sich die Waage halten.

Die guten Erinnerungen sind die Farbtupfer im Grau des täglichen Einerleis. Ohne sie wären wir ärmer. Von Erinnerungen erzählt auch die folgende Kindergeschichte: Eine Familie Feldmäuse sammelte Vorräte für den Winter. Alle sammelten fleißig, alle – bis auf Frederick.

„Frederick, warum arbeitest du nicht?", fragten sie. „Ich arbeite doch", sagte Frederick, „ich sammle Sonnenstrahlen für die kalten, dunklen Wintertage, – ich sammle Farben für die grauen Stunden."[10]

Wir leben von der Erinnerung. Hat nicht mancher in schwerer Zeit durchgehalten, weil er wusste, dass das Leben nicht nur aus grauen Tagen besteht? Man sagt zwar: Erinnerungen verklären und vergolden die Vergangenheit, verwandeln, was gestern war – zur „guten alten Zeit". Aber wir können ohne ein paar gute Erinnerungen gar nicht weiterleben.

Alle Religionen schöpfen aus dem Brunnen der Erinnerungen. Die Bibel erzählt, wie Gott sein Volk geführt und gerettet hat. Als Israel auf der Wüstenwanderung murrte und keinen Schritt mehr weiter wollte, da sagte Mose zum Volk: „Erinnert euch doch, wie Gott euch mit starker Hand aus dem Sklavenhaus Ägypten befreit und am Schilfmeer errettet hat." (vgl. Ex 13,3) Als Israel später in der babylonischen Gefangenschaft nichts mehr zu erwarten hatte, als Jerusalem in Schutt und Asche lag, da verkündeten die Exilpropheten: „Denkt doch einmal nach ... erinnert euch an die Großtaten Gottes! Wie wunderbar hat er euch immer wieder errettet." Und aus der Erinnerung wuchsen neue Zuversicht und Hoffnung.

Der christliche Glaube lebt aus der Erinnerung an Jesus Christus. Die Eucharistie ist die Feier einer „Memoria", einer Erinnerung. „Tut dies zu meinem Gedächtnis", hat Jesus beim letzten Abendmahl zu seinen Jüngern gesagt. In jeder Eucharistiefeier denken wir an den Tod und die Auferstehung des Herrn. Wir brechen das Brot und erinnern uns an den, der am Kreuz sein Leben für uns hingegeben hat. Solche guten Erinnerungen sind hilfreich. Sie sind wie ein Brunnen in der Wüstenwanderung.

Impuls Alte Erinnerungsstücke wieder anzuschauen, macht Sinn. Haben Sie solche Zeichen Ihrer Freundschaft oder Partnerschaft? Die Zeit, in der ich in einem alten Fotoalbum blättere, ist wichtig und wertvoll. Ja, ich möchte Farben sammeln für die grauen Stunden.

Grün ist der blaue Planet

Dann sprach Gott:
Das Land lasse junges Grün wachsen,
alle Arten von Pflanzen, die Samen tragen, und von Bäumen,
die auf der Erde Früchte bringen mit ihrem Samen darin.
So geschah es.
Das Land brachte junges Grün hervor,
alle Arten von Pflanzen, die Samen tragen,
alle Arten von Bäumen, die Früchte bringen
mit ihrem Samen darin.
Gott sah, dass es gut war.
Es wurde Abend, und es wurde Morgen: dritter Tag.
(Gen 1,11-13)

Wort in den Tag   „Das Land lasse junges Grün wachsen." Grün atmet Leben. Grün ist der blaue Planet. Grün durchfließt alles. Grün bedeutet Wachstum und Kreativität. Die stattliche Eiche im Frühlingsgrün. Der Laubwald in seiner zart grünen Entfaltung. Der Winter kennt keine Farben. Der Frühling und das aufbrechende neue Leben sind grün. Das Blattgrün wandelt die Energie des Lichtes um. In ihm kommen alle Farben des Lichtes zum Leuchten. Große Mengen von Blattgrün schenken die Bäume tagtäglich unserem geschundenen Planeten.

Grün tut den Augen gut. Sie saugen das Grün auf wie Wasser, sie trinken es wie Leben. Bei der heiligen Hildegard von Bingen zieht sich ein Thema durch alle Schriften und Briefe: „viriditas", das ist die Kraft, die im Grün wohnt. Hildegard sieht das göttliche Herz grün. Aus dem Herzen des Schöpfers strömt die viriditas und erfüllt alles, was lebt, mit Frische und Lebendigkeit. Der Mensch kann sich verschließen, aber ohne Grünkraft verdorrt sein Leben.

Hildegard von Bingen schreibt in ihrem Hauptwerk „Scivias": „In der Morgenfrühe, wenn die Sonne bei ihrem Aufgang sich machtvoll erhebt, um ihren Lauf anzutreten, steht das Grün in seiner größten Kraft, weil die Luft bis dahin noch feucht ist, die Sonne aber schon wärmt; dann trinken die Gräser dieses Grün so gierig in sich hinein, wie das Lamm seine Milch saugt; die

Hitze des ganzen Tages wird kaum ausreichen, die Grünkraft dieses Tages durchzukochen und fruchtbar zu machen."

Hildegard hat einen Hymnus, ein Loblied auf das Grün und seine Kraft gedichtet:

> O edelstes Grün, in der Sonne du wurzelst,
> du leuchtest in strahlender Helle im Kreise,
> den kein irdisches Sinnen begreift.
> Umfangen wirst du
> von den Armen der Geheimnisse Gottes.
> Du schimmerst auf wie Morgenrot,
> du flammst wie der Sonne Glut.

„Was der Saft im Baum ist", sagt Hildegard, „das ist die Seele im Körper, und ihre Kräfte entfaltet sie wie der Baum seine Gestalt." Den Baum in uns neu entdecken, um dem Wachstum tief innen neue Quellen zu erschließen! Der Baum in uns ist ein Zufluchtsort. Über uns breitet er das Dach der Treue. Der Wald in uns ist dunkelgrün. Besuche den Wald in dir, deine Seele kann dort durchatmen. Dann kann auch die Seele sich entfalten. Sie wird Lust haben, in unserem Körper zu wohnen. An der Natur kann die kranke Seele gesund werden. Das lehren nicht nur die Ärzte und Psychologen. Die Bäume selbst sind die besten Lehrmeister. Wer mit ihnen sprechen kann, wer ihnen zuzuhören versteht, berührt das tiefste Geheimnis des Lebens. „Denn umfangen wirst du von den Armen der Geheimnisse Gottes."

Impuls Die Kraft des Grünen, des aufkeimenden Lebens, ist für mich ein Bild für das Wirken Gottes in mir. „Durchströme mich, Herr, mit dem heiligen Atem des Lebens. Atme in mir, du Heiliger Geist, damit ich Heiliges denke, fühle und verwirkliche." Alle Blockierungen sollen sich auflösen, die Energien in mir neu fließen, damit ich Zugang finde zu meinen Ressourcen. Lustvoll möchte ich aus den Quellen schöpfen, aus der Kraft des Geistes, die mich neu zum Blühen bringt.

Einmalig

Zion sagt:
Der Herr hat mich verlassen,
Gott hat mich vergessen.
Kann denn eine Frau ihr Kindlein vergessen,
eine Mutter ihren leiblichen Sohn?
Und selbst wenn sie ihn vergessen würde:
ich vergesse dich nicht.
Sieh her:
Ich habe dich eingezeichnet in meine Hände.
(Jes 49,14-16)

Wort in den Tag   Jedes Blatt – ein Wunderwerk! Jedes Blatt – ein Original! Milliarden Blätter in ungezählten Wäldern. Keines gleicht dem anderen. Alles, was die Natur schafft und hervorbringt, sind Originale, einmalige Exemplare.

Auch der Mensch ist einmalig: die Falten in seinem Gesicht und die Linien in seiner Hand. Kein Fingerabdruck wiederholt sich. Die Zeichnung meines Daumenabdrucks ist so einmalig, dass durch ihn meine Identität unter all den Menschen zu erkennen ist.

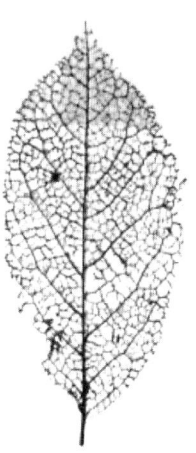

Jeder Mensch ist von Gott einmalig gedacht, das ist die Verheißung Gottes: „Ich habe deinen Namen in meine Hand geschrieben!" (Jes 49,16) Diese Zusage gilt jedem Menschen. Auch wenn ich das nicht begreifen kann, jeder einzelne ist so in Gottes Hand, als wäre er Gottes einzige Sorge.

Impuls   Wenn ich heute meinen Tag im Namen Gottes beginne „im Namen des Vaters und des Sohnes und des Heiligen Geistes", dann finden wichtige Fragen meines Lebens eine Antwort. Die Frage zum Beispiel: Woher komme ich? Wohin gehe ich?

Bin ich dem Schicksal blind ausgeliefert, nur eine Nummer in der Lotterie des Lebens? Nein, über meinem Leben erscheint ein Gesicht. Ein Vater, der mich ruft, mit Namen sogar! Ein Schöpfer, der mich geschaffen, ein Wille, der mich gewollt hat.

Auch die Frage: Wozu bin ich da? findet eine Antwort. Macht es überhaupt einen Unterschied, ob ich bin oder nicht bin? Ist es gleichgültig, was ich aus meinem Leben mache?

Dann steht vor mir Christus, der Sohn Gottes, der mein Bruder geworden ist. Er sagt mir: Du bist mein Freund! (vgl. Joh 15,14) Ich sende dich, diese Welt gerechter zu gestalten!

Und eine dritte Frage: Was bin ich eigentlich wert? Bin ich nur ein Rädchen im Getriebe dieser Welt? Der Geist, der Heilige Geist, antwortet: Ich habe dich geheiligt und dich zu einem Tempel gemacht, in dem die Liebe wohnen soll (vgl. 1 Kor 3,16). Jeder Mensch ist in den Augen Gottes kostbar und wertvoll, denn sein Name ist in Gottes Hand geschrieben. Keiner lebt vergebens auf dieser Erde.

> *Der Vater ruft uns,*
> *der Sohn sendet uns,*
> *der Geist heiligt uns.*

Im Namen des dreifaltigen Gottes segnen wir uns. Von Gott geht eine Kraft aus, die die ganze Welt durchdringt und umarmt. Der Mensch aber ist als Krone der Schöpfung geheiligt.

Der Holzhändler

Er legte mir ein neues Lied in den Mund,
einen Lobgesang auf ihn, unsern Gott.
Viele werden es sehen, sich in Ehrfurcht neigen
und auf den Herrn vertrauen.
(Ps 40,4)

Wort in den Tag   Sehr unterschiedlich kann man der Schöpfung Gottes begegnen. Man kann durch den Wald gehen wie ein Holzhändler und alle Bäume daraufhin anschauen, welche Möbel man daraus machen kann. Die Natur wird zum Objekt unserer Ausbeutung. Die Frage nach Nutzen und Zweck bestimmt unser Denken. Oder man kann durch den Wald gehen wie ein Naturschwärmer. Der Gesang der Vögel, das Rauschen in den Blättern, das Farbenspiel der Sonne berauschen die Gefühle. Eine dritte Art, der Schöpfung zu begegnen, entdecken wir bei Franz von Assisi. Sonne und Mond, jeder Grashalm, jede Blume sind Kunstwerke des ewigen Künstlers. Alles ist ein Geschenk aus Gottes Hand.

Was ich bei Franziskus entdecke, ist ein Therapieweg zum Überleben der kommenden Generation. Für ihn ist die Schöpfung Gottes wunderbares Geschenk an uns Menschen. Die ganze Natur ist voller Stimmen. Alles in ihr ist Gesang. Franziskus nennt alle Geschöpfe Bruder und Schwester. Das sind keine Gebrauchsgegenstände, die wir zu unserem Nutzen ausbeuten, sondern Wesen, mit Leben erfüllt. Er sprach mit der Grille und predigte den Vögeln, den reißenden Wolf machte er zahm wie ein Lamm. Mit Zärtlichkeit und Ehrfurcht begegnete er allem. Wenn seine Brüder im Winter Holz aus dem Wald holten, wies Franziskus sie an, die Bäume zu schonen, nur einen Teil abzuholzen oder ein Stück eines Baumes stehen zu lassen, damit er noch Hoffnung haben und wieder ausschlagen konnte. Den Gärtnern befahl er, nicht die ganze Erde in Kulturland zu verwandeln, sondern ein gutes Stück Wiesenland zu lassen, damit Kräuter und Blumen wachsen konnten zur Freude der Menschen. Für Weihnachten wollte Franziskus vom Kaiser ein Gesetz erwirken, dass alle Tiere genug Heu und Stroh und alle Vögel Körner bekämen.

Eigenwert der Geschöpfe

Es gibt ein Existenzrecht der Dinge, Pflanzen und Tiere, das vom Menschen zu respektieren ist. Alles hat sein eigenes Gesicht, jedes Ding, jede Pflanze und jedes Tier ist Bruder oder Schwester. Franz war überzeugt, dass das Wasser und auch der Stein leiden können durch den Menschen. Es sind Geschöpfe, mit denen man reden muss. Heute zeigen Biologen, dass Blumen besser gedeihen, wenn man sie nicht nur gießt, sondern sie anschaut und mit ihnen spricht. Sie verhalten sich nicht anders als das Kind, das verkümmert, wenn es die Aufmerksamkeit, die es braucht, nicht erhält.

Ausbeutung oder Ehrfurcht

Bis in die Fußsohlen und in die Fingerspitzen hinein sollten wir wieder wie Franziskus von einer Ehrfurcht gegenüber der Natur erfüllt sein. Das ist der Therapiegedanke für das Überleben der kommenden Generationen: Ehrfurcht! Nicht Ausbeutung, sondern Ehrfurcht vor allem, was lebt. Die Dinge sind nicht einfach unserer Willkür ausgeliefert, nicht einfach tote Materie, die für uns vor-hand-en ist und darum beliebig be-hand-elt und manipuliert werden kann. Sie sind für uns Bruder, Schwester. Wenn wir mit der Natur gewaltsam umgehen, werden wir auch das menschliche Leben manipulieren oder einfach abtreiben. Wer allem ehrfürchtig begegnet, der wird es nicht brutal vergewaltigen. Den zärtlichen, mütterlichen Umgang mit unserer Umwelt können wir bei Franziskus lernen. Ehrfurcht ist dann ein Schlüsselwort für die Zukunft.

Impuls Der Blick des Ausbeuters schaut die Natur nur daraufhin an, welchen Nutzen sie bringt. Wie weit ist dieser Blick auch meine Art und Weise, die Dinge zu gebrauchen? Die Verse von Bertolt Brecht hinterfragen auch mein Verhältnis zur Natur:

Befragt über sein Verhältnis zur Natur, sagte Herr K.: „Ich würde gern mitunter aus dem Haus tretend ein paar Bäume sehen. Besonders da sie durch ihr der Tages- und Jahreszeit entsprechendes Andersaussehen einen so besonderen Grad von Realität erreichen. Auch verwirrt es uns in den Städten mit der Zeit, immer nur Gebrauchsgegenstände zu sehen, Häuser und Bahnen, die unbewohnt leer, unbenutzt sinnlos wären. Unsere eigentümliche Gesellschaftsordnung läßt uns ja auch die Menschen zu solchen Gebrauchsgegenständen zählen, und da haben die Bäume, wenigstens für mich, der ich kein Schreiner bin, etwas beruhigend Selbständiges, von mir Absehendes, und ich hoffe sogar, sie haben selbst für die Schreiner einiges an sich, was nicht verwertet werden kann."[11]

Ökologie – Umweltkrise ist Innenweltkrise

Hört das Wort des Herrn!
Denn der Herr erhebt Klage gegen die Bewohner des Landes:
Es gibt keine Treue und keine Liebe
und keine Gotteserkenntnis im Land. ...
Darum soll das Land verdorren, jeder, der darin wohnt,
soll verwelken ...
Mein Volk kommt um, weil ihm die Erkenntnis fehlt.
Weil du die Erkenntnis verworfen hast,
darum verwerfe auch ich dich ...
Du hast die Weisung deines Gottes vergessen;
deshalb vergesse auch ich deine Söhne.
(Hos 4,1-6)

Wort in den Tag   „Wir gehören der Erde. Was wir der Erde antun, wird auf uns zurückkommen. Die Erde ist unsere Mutter, und seine Mutter bringt man nicht um. Alle Dinge sind miteinander verbunden. Die duftenden Blumen sind unsere Schwestern, die Bäume sind unsere Brüder." Warum lernen unsere Schulkinder diese Worte aus der berühmten Rede des Indianerhäuptlings Seattle auswendig? Welche Faszination geht von ihnen aus? Die umfassende Verbundenheit aller Geschöpfe leuchtet auf. Der Mensch ist „von der Erde genommen" (Gen 2,7), sagt der biblische Schöpfungsbericht. Der „homo" kommt aus dem „humus". Das ist unsere Beheimatung. Wenn wir unsere Wurzeln in der Erde nicht immer wieder begießen, dann werden wir bald unser Inneres verlieren, die Seele, das Leben. Darum ist es wichtig, dass wir uns Gedanken machen, wie wir uns mit unserer Schwester, Mutter Erde, versöhnen können.
Unsere Schwester Mutter Erde blutet heute aus vielen Wunden. Die Bewahrung der Schöpfung ist nicht nur ein Anliegen der Grünen Partei, sondern eine weltweite Bewegung. Wie mühsam das ist, hat die Umweltkonferenz in Tokio offenbart. Sie konnten sich nicht über die Ozon-Quote einigen. Die Wissenschaft, die sich mit der Umwelt befasst, die Ökologie, enthält das griechische Wort „oikos": „Haus". Vielleicht kann man die heutige Umweltproblematik am besten am Bild des Hauses ver-

deutlichen. Der Mensch ist Hausverwalter seines Hauses Erde, nicht Hausbesitzer. Als Haushüter muss er dieses Haus nicht nur für sich in Ordnung halten, sondern er muss es bewohnbar erhalten, damit auch unsere Nachkommen noch human existieren können.

Umweltbewusstsein ist heute ein Grenzbewusstsein, denn das Raumschiff Erde ist nicht grenzenlos belastbar. Das Los des Menschen ist an das Los der Natur gebunden, und das verlangt ein Umdenken in unseren Tagen. Wir sind nicht Ausbeuter, sondern wir sind Hüter, wir sind Erhalter und Verteidiger der Natur.

Doch Umweltschutz ist nicht nur ein äußeres Problem, Umweltkrise ist eine Innenweltkrise. Sterbende Wälder machen nur deutlich, was in uns stirbt. Das hat vor Jahrtausenden der Prophet Hosea schon beschrieben: „Es gibt im Land keine Treue mehr, keine Gotteserkenntnis. Darum trauert das Land und siecht alles dahin." (Hos 4,1) Wenn wir die Ehrfurcht vor Gott verlieren, verlieren wir sie vor seiner Schöpfung, verlieren wir sie vor der Würde des Menschen.

Umweltkrise ist Innenweltkrise. Ein paar Appelle helfen uns nicht weiter. Auch Gesetze, unter Völkern ausgehandelt und festgeschrieben, müssen erst einmal eingehalten werden, um das Ozonloch zu verkleinern. Wir müssen uns bekehren zu einer neuen Denkweise: Die Natur ist nicht Objekt unserer Ausbeutung, sondern Schöpfung aus der Hand des Schöpfers. Wenn ich in die Schule der Bäume gehe, kann ich lernen, was ich zur Entwicklung und Bewahrung meines Lebens brauche. Wir können lernen, was wir alle brauchen, um uns weiterhin aus dem Rhythmus und der Kraft der Schöpfung zu entfalten. Darum erahne ich, wenn ich achtsam das Wachsen der Bäume beobachte, die Spuren meines Schöpfers. Denn die ganze Schöpfung ist die Schönschrift des Schöpfers.

Impuls „Was sind das für Zeiten, wo ein Gespräch über Bäume fast ein Verbrechen ist, weil es ein Schweigen über so viele Untaten einschließt", schrieb Bertolt Brecht. Als er das schrieb, hatte man noch keine Sorgen mit dem „sauren Regen" und dem „Baumsterben". Heute müsste man schreiben: Wer nicht über die Umweltkrise nachdenkt und das Problem des Baumsterbens verdrängt, macht sich schuldig. Ob dies ein gutes Wort ist, um sich heute damit zu beschäftigen: Umweltkrise ist Innenweltkrise.

Bruder Baum

> *Nun will ich der Werke Gottes gedenken;*
> *was ich gesehen habe, will ich erzählen:*
> *Durch Gottes Wort entstanden seine Werke;*
> *seine Lehre ist ein Ausfluss seiner Liebe.*
> *Über allem strahlt die leuchtende Sonne,*
> *die Herrlichkeit des Herrn erfüllt alle seine Werke. ...*
> *Meerestiefe und Menschenherz durchforscht er,*
> *und er kennt alle ihre Geheimnisse.*
> *Der Höchste hat Kenntnis von allem,*
> *bis in die fernste Zeit sieht er das Kommende. ...*
> *Alle seine Werke sind vortrefflich,*
> *doch sehen wir nur einen Funken und ein Spiegelbild.*
> *Alles lebt und besteht für immer ...*
> *Jedes Ding ist vom andern verschieden,*
> *keines von ihnen hat er vergeblich gemacht.*
> *Eines ergänzt durch seinen Wert das andere.*
> *Wer kann sich satt sehen an ihrer Pracht?*
> *(Sir 42,15ff.)*

Wort in den Tag „Mehr lernst du in den Wäldern als aus den Büchern. Holz und Stein werden dich lehren, was du von den Lehrern nicht lernen kannst", schrieb Bernhard von Clairvaux im 12. Jahrhundert. Im gleichen Jahrhundert wurde Franz von Assisi geboren. Für Franz ist die Schöpfung Gottes wunderbares Geschenk an uns Menschen. Die ganze Natur ist voller Stimmen. Alles in ihr ist Gesang.

Alle Wirklichkeit ist Sakrament
Für Franziskus ist alles ein transparentes Zeichen, durch das der Glanz des Himmels leuchtet. Der Sonnengesang des heiligen Franz von Assisi ist ein großartiger Lobpreis aller Kreaturen auf ihren Schöpfer. Franziskus entdeckt mit wachen Sinnen und offenem Herzen die Wunderwerke der Schöpfung. Er war nahezu blind, als er den Zauber der Sterne und Sonne besang. In seinen erkrankten Augen schmerzte das Licht, als er den Sonnengesang dichtete. Er ist der Heilige, der lachen kann, der Heilige,

der Geige spielt, indem er mit einem Stock über seinen Arm streicht, der Heilige, der Gottes Schöpfung liebt, nicht verschwommen wie ein Phantast. Franziskus ist voller Melodien und Klänge, der Minnesänger seines Herrn. Das Schöne war ihm Abglanz Gottes. Jedes Kunstwerk pries den ewigen Künstler. Die Pflanzen und Tiere und alle Gestirne waren ihm Geschwister, und die Armut machte er sich zur Braut. Der Sonne gleich stieg sein Lied zum Himmel auf und legte Lobpreis und Dank aller Kreaturen am Throne des Schöpfers nieder:

> Gelobt bist du, mein Herr, mit all deinen Geschöpfen, besonders für die Schwester Sonne, die uns den Tag erleuchtet. Gelobt bist du durch Bruder Mond und die Sterne, durch Wasser und Feuer. Gelobt bist du, mein Herr, durch unsere Schwester, die Mutter Erde, die uns erhält und ernährt und vielfältige Früchte hervorbringt mit bunten Blumen und Kräutern.

Was Franziskus im Sonnengesang formulierte, das ist der wesentliche Therapiegedanke für die Regulierung der heutigen Welt, die aus allen Fugen geraten ist. Wenn Franziskus unsere Erde als Mutter und auch als Schwester der Menschen bezeichnet, dann geschieht hier eine Einbindung des Menschen in die Erde, wie sie meisterlicher nicht formuliert werden kann. Zwingt nicht dieses intime verwandtschaftliche Verhältnis zu einer ganz konkreten, korrekten und liebevollen Verhaltensweise? Die Erde ist nicht nur ein Objekt, das man ausbeutet.

Wenn Franziskus auf seinem Weg einen Wurm oder irgendeine Kreatur sah, sprach er mit ihr. Dann hegte er sie, nahm sie aus der Gefahrenzone, weil für ihn alles, was ihm in der Natur entgegentrat, eine transparente Realwelt war, durch die er hindurchschauend, hindurchgreifend, begreifend und auch ergreifend den Schöpfer erlebte. Alles war für ihn Sakrament, ein durchsichtiges Zeichen, das die Größe des Schöpfers offenbarte. Es ist, als ob wir es bei Franziskus mit einem Verliebten zu tun hätten, der nur noch den Geliebten im Kopf hat und durch alles an ihn erinnert wird. Erst von der Zuwendung Gottes her, dem Vater aller Geschöpfe, können die Geschöpfe zu Brüdern und Schwestern werden.

Impuls Was können wir heute von Franziskus lernen? Das Staunen. Wer staunt, durchstößt den gewohnten engen Horizont und macht sich auf eine Entdeckungsreise in unendliche Weiten. Im Staunen schlägt das Herz die Augen auf. Das Staunen ist der Schlüssel für unsere fünf Tore der Sinne. Staunen ist die lebendige Liturgie der Anbetung. Darin liegt die Anerkennung eines Größeren. Wer staunen und lieben kann, gehört zu den Gesegneten dieser Erde.

Die ganze Schöpfung ist die Schönschrift Gottes. Alle erschaffenen Wesen sind Liebesbriefe an uns. Für Franziskus ist alle Wirklichkeit ein Sakrament. Wie sich in einem Kunstwerk die Persönlichkeit des Künstlers ausdrückt, so spiegelt sich in allen geschaffenen Dingen die Größe Gottes wider.

Wie zeigt sich Gott? Auf den ganz gewöhnlichen Wegen offenbart er sich. Wenn wir aufmerksam sind und Augen wie Verliebte haben, zeigt er sich uns mitten in unserer alltäglichen Welt. Die englische Dichterin Elizabeth Barrett Browning beschreibt diese Wahrheit mit folgenden Zeilen:

> Die Erde ist mit Himmel vollgepackt,
> und jeder gewöhnliche Busch brennt mit Gott. –
> Aber nur der, der es sieht, zieht die Schuhe aus.
> Die anderen sitzen herum und pflücken Brombeeren.[12]

Verliebt in einen unfruchtbaren Feigenbaum

Er erzählte ihnen dieses Gleichnis:
Ein Mann hatte in seinem Weinberg einen Feigenbaum;
und als er kam und nachsah, ob er Früchte trug, fand er keine.
Da sagte er zu seinem Weingärtner:
Jetzt komme ich schon drei Jahre und sehe nach,
ob dieser Feigenbaum Früchte trägt, und finde nichts.
Hau ihn um! Was soll er weiter dem Boden seine Kraft nehmen?
Der Weingärtner erwiderte:
Herr, lass ihn dieses Jahr noch stehen;
ich will den Boden um ihn herum aufgraben und düngen.
Vielleicht trägt er doch noch Früchte;
wenn nicht, dann lass ihn umhauen.
(Lk 13,6-9)

Wort in den Tag   Ein Feigenbaum stand mitten im Weinberg. Jahre schon. Und jedes Jahr wurde er ein kleines Stück größer. Der Arbeiter, der für ihn und den Weinberg verantwortlich war, sah erwartungsvoll im Frühling, wie der Baum die Knospen ansetzte, wie sie zu Blüten aufsprangen, wie die Blätter sich im Licht entfalteten. Aber im Herbst stellte sich heraus, dass alles Warten auf die Früchte umsonst gewesen war. Der Arbeiter wurde nachdenklich; denn er kannte seinen Herrn. Er ahnte, was kommen würde. Und es kam auch so.
Eines Tages stand der Herr des Weinberges vor dem Baum und der Arbeiter neben ihm. „Hau ihn um", sagte der Herr, „er bringt nichts. Er nimmt den anderen den Platz weg. Hau ihn um!" Aber der Arbeiter schüttelte den Kopf: „Nein, Herr! Können wir nicht noch ein Jahr damit warten, ein Jahr noch? Ich verspreche es. Ich werde mich um ihn kümmern. Ich grabe noch einmal drum herum und packe noch Mist drauf. Vielleicht schafft er es das nächste Mal. Wenn nicht, dann kann ich es nicht ändern."
Ich würde sagen, er ist verliebt. Der Arbeiter ist verliebt in diesen Baum. Und darum kämpft er um ihn, hofft, dass es noch was wird mit den Früchten, rackert sich ab und feilscht, dass der Baum seinen Platz behält. Er tut alles, weil ihm der Baum ans

Herz gewachsen ist. Ich finde ihn sympathisch, diesen Arbeiter. Ich halte ihn für ein Selbstporträt dessen, der diese Geschichte vom Baum und dem Arbeiter als erster erzählt hat, ein Selbstporträt von Jesus. Denn Jesus tritt bei Gott, seinem Vater, für uns ein. Er ist unser Verbündeter, der uns nicht aufgibt, auch wenn wir nicht erfolgreich sind und keine Früchte vorweisen können.

Wie der Arbeiter sollen auch wir für einander eintreten. Der Weinberg Gottes braucht solche Arbeiter, die sich schützend zwischen Gott und den Menschen stellen, die für jeden noch eine Chance suchen und immer noch einen Ausweg erbitten. Die nie sagen: es ist alles verloren, sondern protestieren, wenn jemand zu schnell aufgeben will. Die sich schützend vor den Baum stellen, wenn ihn jemand voreilig und gedankenlos fällen will. In bestimmten Situationen brauchen wir alle einen Freund und Verbündeten, der für uns eintritt. Wie sollten wir leben, wenn sich niemand mehr für uns einsetzt?

Impuls Wer die Geschichte von dem Arbeiter im Weinberg, der in einen unfruchtbaren Feigenbaum verliebt ist, erspürt, der versteht, was Henri J.M. Nouwen einem jeden von uns sagen will: Alles, was ich dir sagen möchte, ist in dieser Zusage zusammengefasst: *,Du bist der geliebte Mensch'*, und ich kann nur hoffen, dass du diese Worte als direkte Anrede an dich aufnehmen kannst, dir zugesprochen mit aller Zärtlichkeit und Kraft, die Liebe nur je haben kann. Mein einziger Wunsch ist, dass diese Worte in jeder Zelle deines Wesens widerhallen mögen: *,Du bist ein geliebter Mensch'*.[13]

Jahresringe

Er, der auf dem Thron saß, sprach:
Seht, ich mache alles neu.
Und er sagte:
Schreib es auf, denn diese Worte sind zuverlässig und wahr.
Er sagte zu mir:
Sie sind in Erfüllung gegangen.
Ich bin das Alpha und das Omega,
der Anfang und das Ende.
(Offb 21, 5-6)

Wort in den Tag Ein Vers von Rainer Maria Rilke gehört zu den Gedichten, die am häufigsten zitiert werden. Fast kein Geburtstag, an dem diese Zeilen nicht gelesen, vorgetragen werden:

Ich lebe mein Leben in wachsenden Ringen,
die sich über die Dinge ziehn.
Ich werde den letzten vielleicht nicht vollbringen,
aber versuchen will ich ihn.

Wie der Baum um seine Mitte Jahr für Jahr einen Ring legt, so sind auch die Lebensringe des Menschen aufgeschriebene Geschichte, kunstvolle Graphiken seiner Biographie. Wenn der Baumstamm gefällt ist, zeigt er seine Schnittfläche. Er wächst von innen her. Um seine Mitte legt er jedes Jahr einen neuen Ring. Wie die Lebensrosette zeigt, hat alles seine Zeit. Und alles hinterlässt seine Spuren. Kräftige Wachstumsringe zeugen von guten Jahren. Dünne Ringe beschreiben magere Jahre, vielleicht Dürrezeiten, in denen der Regen fehlte.

Jahresringe sind gelebte, erlittene Zeit. Bäume und Menschen sind verwandt. Ihr Schicksal ist hineingeflochten in das Schicksal der Zeit. Krieg und Frieden, Trockenheit und Gedeihen, Krankheit und Gesundheit hinterlassen ihre Spuren. Am Ende ist jede Lebensgeschichte so einmalig, dass sie sich niemals wiederholt. Man kann heute an den Jahresringen genau bestimmen, wann ein alter Baum gewachsen ist. Die Wachstumszeit von Holz, das tausend Jahre alt ist, kann man wissenschaft-lich bestimmen. Denn die Folge der großen und kleinen Jahres-ringe ist über Jahrtausende nie die gleiche.

Die Zahl meiner Kalenderjahre ist letztlich nicht so wichtig. Mein Ursprung und mein Ende, die kurze Spanne meines Le-bens ist ein Reigen von Jahresringen, die im Rückblick ein ein-maliges Kunstwerk darstellen. Mein Wachsen und mein Still-stand, meine Hoffnungen und meine Niederlagen haben sich zu einem Bild zusammengefügt, das einfach schön ist. Ein Zirkel, der nur gleichmäßige Ringe zeichnen kann, kennt nichts von der Kraft und dem Elend des Lebens.

Seine Lebenseinsicht beschreibt Hermann Hesse: „Wenn ein Baum umgesägt worden ist und seine nackte Todeswunde der Sonne zeigt, dann kann man auf der lichten Scheibe seines Stumpfes und Grabmals seine ganze Geschichte lesen: in den Jahresringen und Verwachsungen steht aller Kampf, alles Leid, alle Krankheit, alles Glück und Gedeihen treu geschrieben, schmale Jahre und üppige Jahre, überstandene Angriffe, über-dauerte Stürme. Und jeder Bauernjunge weiß, dass das härtes-te und edelste Holz die engsten Ringe hat."[14]

Impuls In Gruppengesprächen habe ich gern die Teilnehmer eingeladen, ihre Lebensuhr zu zeichnen. Welche Lebenserwar-tung habe ich persönlich? Stehe ich im Zenit oder im letzten Drittel? Als einer, der das 60. Lebensjahr überschritten hat, ma-che ich mir bewusst, dass ja noch eine ganze Wachstumsphase von 20 bis 30 Jahren mit Leben zu füllen ist. Warum drängt uns die öffentliche Meinung, die Jugendzeit als die glücklichste an-zusehen? Gibt es nicht viele, die nach der Pension ihre Reiselust entdecken oder als Senioren die Universität besuchen? Ich lebe mein Leben in wachsenden Ringen. Die großen Ringe des Alters umfangen die anderen. Ihr Reichtum ist Weisheit und Lebens-erfahrung. Die Falten im Gesicht sind wie Jahresringe. Warum sollte man sich ihrer schämen?

Ein Baum erzählt ...

Ich bin eine Kiefer, zweiundsechzig
Jahre alt. Ich habe Waldbrände und
Trockenzeiten, Insektenbefall und
manches mehr erlebt. All das
kannst du an meinen Jahresringen ablesen. In jedem Frühling
und Sommer füge ich neue
Holzschichten um meinen
Stamm. Das im Frühjahr gebil-
dete Holz wächst schneller,
da es aus relativ großen Zellen
besteht (Frühholz). Im Sommer verlangsamt sich mein
Wachstum, das Holz hat
kleinere Zellen und ist
dunkler (Spätholz). Wird
ein Baum gefällt, so wer-
den diese Schichten als
abwechselnde Ringe von
hellem und dunklem Holz
sichtbar (Jahresringe).
Zählt man die dunklen
Ringe, so erhält man
mein Alter. Untersucht
man die Ringe genauer,
so erfährt man noch viel
mehr. Mein ganzes Leben
ist in diese Ringe, in ihre
Gestalt, Farbe, Dicke und
Gleichmäßigkeit
eingraviert.

1913
Der Baum (eine
Kiefer) ist geboren,
der Same keimt.

1918
Ohne Störungen wächst der Baum,
zunächst relativ schnell. Frühjahre und
Sommer bringen ausreichend Regen
und Sonne. Die Jahresringe sind breit
und gleichmäßig.

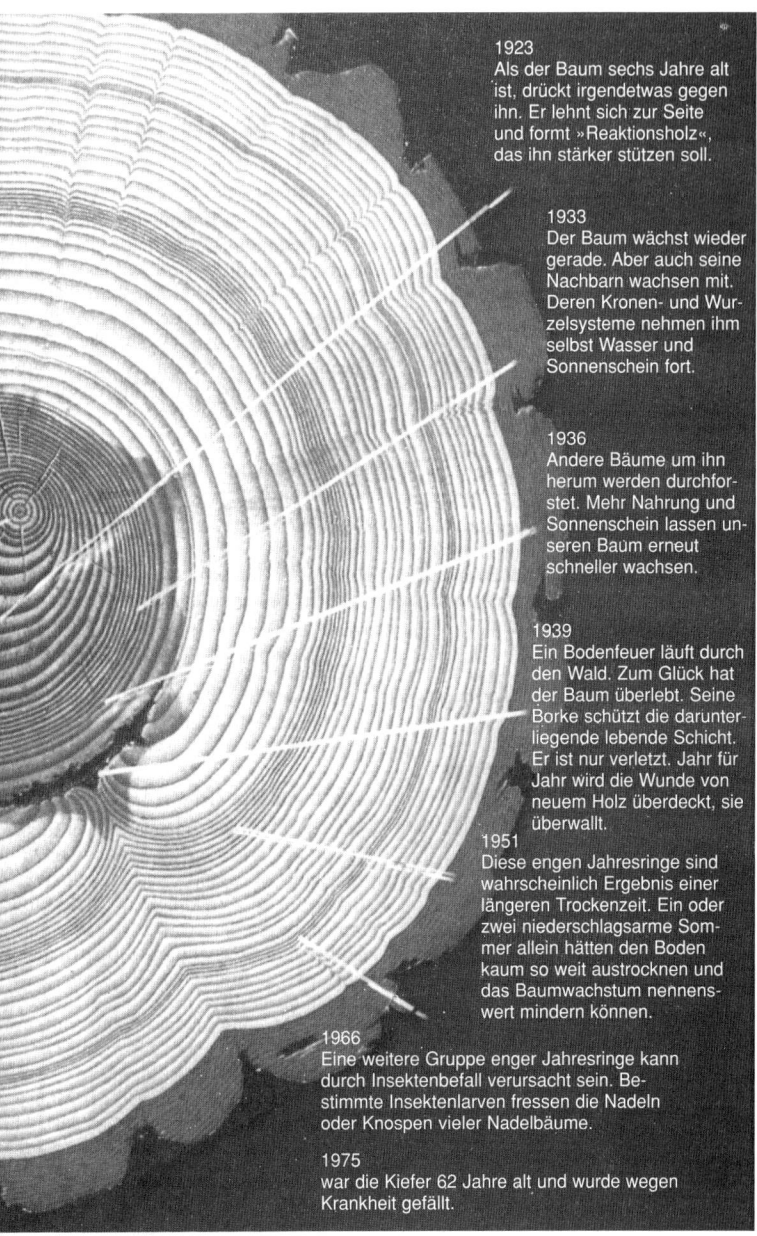

1923
Als der Baum sechs Jahre alt ist, drückt irgendetwas gegen ihn. Er lehnt sich zur Seite und formt »Reaktionsholz«, das ihn stärker stützen soll.

1933
Der Baum wächst wieder gerade. Aber auch seine Nachbarn wachsen mit. Deren Kronen- und Wurzelsysteme nehmen ihm selbst Wasser und Sonnenschein fort.

1936
Andere Bäume um ihn herum werden durchforstet. Mehr Nahrung und Sonnenschein lassen unseren Baum erneut schneller wachsen.

1939
Ein Bodenfeuer läuft durch den Wald. Zum Glück hat der Baum überlebt. Seine Borke schützt die darunterliegende lebende Schicht. Er ist nur verletzt. Jahr für Jahr wird die Wunde von neuem Holz überdeckt, sie überwallt.

1951
Diese engen Jahresringe sind wahrscheinlich Ergebnis einer längeren Trockenzeit. Ein oder zwei niederschlagsarme Sommer allein hätten den Boden kaum so weit austrocknen und das Baumwachstum nennenswert mindern können.

1966
Eine weitere Gruppe enger Jahresringe kann durch Insektenbefall verursacht sein. Bestimmte Insektenlarven fressen die Nadeln oder Knospen vieler Nadelbäume.

1975
war die Kiefer 62 Jahre alt und wurde wegen Krankheit gefällt.

Ein Wunder der Natur

Der Engel aber nahm die beiden beiseite und sagte zu ihnen:
Preist Gott, und lobt ihn!
Gebt ihm die Ehre, und bezeugt vor allen Menschen,
was er für euch getan hat.
Es ist gut, Gott zu preisen und seinen Namen zu verherrlichen
und voll Ehrfurcht seine Taten zu verkünden.
Hört nie auf, ihn zu preisen.
(Tob 12,6)

Wort in den Tag Der Baum trinkt und atmet. Er ist erstaunlicherweise sogar imstande, sich seine eigene Nahrung zu liefern. Er treibt seine Wurzeln so weit und so tief in den Boden, dass er genügend Nahrung und ausreichenden Halt findet. Auf der Suche nach Wasser kann eine Akazie ihre Wurzeln viele Meter in die Tiefe treiben.

Der Baum breitet seine Äste und Zweige aus, damit er eine möglichst große Menge Licht empfangen kann. In Notzeiten, in besonders trockenen oder kalten Jahren, ist ein Baum imstande, den „Gürtel enger zu schnallen", indem er sein Wachstum auf ein Minimum reduziert und die spärlichen Nährstoffe dazu verwendet, am Leben zu bleiben. Wie der menschliche Körper besteht auch der Baum aus verschiedenen „Körperteilen", die unterschiedliche Aufgaben zu erfüllen haben. Unten hat der Baum mit seinen Wurzeln eine Sammelvorrichtung für Wasser und Nährstoffe und oben mit seinen Blättern eine Anlage, in der sich hochkomplizierte chemische Prozesse abspielen, eine „chemische Fabrik". Der Stamm hat die Aufgabe, die Blätter hoch hinauf ins Sonnenlicht zu halten und gleichzeitig Wurzeln und Krone mit einem System von Leitungen zu verbinden.

Die Wurzeln saugen Wasser auf. Eine Eiche braucht täglich etwa 40 Liter Wasser, eine Birke sogar 70. Aber ein Baum kann nicht bloß vom Wasser leben. Tatsächlich sind in der Flüssigkeit, die dem Boden entnommen wird, eine Menge verschiedener Stoffe in gelöster Form enthalten. Sie werden mit dem Wasser hinauf zu den Blättern oder Nadeln transportiert. Die Leitungen dazu befinden sich als zahllose, sehr dünne Hohlräume im

Splintholz. Wie der Baum es fertig bringt, das Wasser aus dem Boden bis in die äußersten Enden der Krone hinauf zu transportieren, ist ein bis heute noch nicht befriedigend gelöstes physikalisches Problem. Pflanzenwissenschaftler sind der Meinung, dass in den Blättern durch Verdunsten des Wassers eine Saugkraft entsteht, die durch das ganze feine Röhrensystem bis in die Wurzeln wirksam ist. Trifft dies zu, dann sind hohe Bäume die stärksten Wasserpumpen der Welt.

Die Energiequelle, welche diese Leistung und das Leben überhaupt erst möglich macht, ist die Sonne. Die Sonnenstrahlen bewirken in den Blättern den wichtigsten der vielen chemischen Prozesse, die für das Leben eines Baumes notwendig sind: die Photosynthese. Der grüne Stoff, der den Pflanzen die typische Farbe gibt, heißt Chlorophyll. Die Photosynthese nutzt die Kraft des Lichtes, um neue Stoffe für das Leben des Baumes und seine Umwelt zu erzeugen.

Die Abgase verderben unsere Atemluft. Das Ozonloch zerstört unseren natürlichen Schutz. Der Baum ist unser Helfer, unser Verbündeter. Sein Chlorophyll hilft den Schaden zu begrenzen. Bäume sind Heiligtümer. Wir verdanken ihnen unser Dasein im ewigen Kreislauf. Jeder Baum ist ein Kunstwerk des Schöpfers. Und jeder Baum ist ein Freund des Menschen. Jedes Blatt, jede Nadel atmet aus, was wir brauchen.

Impuls Manchmal, wenn ich durch einen Herbstwald gehe oder einer alten Föhre auf der Bergwanderung begegne, wenn die Kastanie vor meinem Fenster blüht oder wenn die hundertjährige Buche im Frühling wieder frisches Grün treibt, dann wünsche ich mir, dass ein Engel mich beiseite nimmt, wie er den Tobias bei der Hand nahm und sagte: „Preise Gott, und lobe ihn! Gib ihm die Ehre, und bezeuge vor allen Menschen, was er dir Gutes getan hat." (Tob 12,6)

Die Krone

Einst machten sich die Bäume auf, um sich einen König zu salben,
und sie sagten zum Ölbaum: Sei du unser König!
Der Ölbaum sagte zu ihnen:
Soll ich mein Fett aufgeben,
mit dem man Götter und Menschen ehrt,
und hingehen, um über den anderen Bäumen zu schwanken?
Da sagten die Bäume zum Feigenbaum: Komm, sei du unser König!
Der Feigenbaum sagte zu ihnen:
Soll ich meine Süßigkeit aufgeben und meine guten Früchte
und hingehen, um über den anderen Bäumen zu schwanken?
(Ri 9,8-11)

Wort in den Tag   Die Krone des Baumes trägt die Früchte. Er erhebt sein gekröntes Haupt in den Himmel. Warum sollte er nicht ein wenig stolz sein? Am Ende der Ernte steht ein Dankfest. Der Erfolg ist die festliche Seite unseres Lebens.

Die Bäume sind wie ein erfolgreiches Unternehmen. Besonders die Krone des Baumes tut sich dabei hervor. Die Früchte sind Samen für den Nachwuchs. Die Kastanien, Eicheln, Bucheckern sind Nahrung für die Bewohner des Waldes. Die Kirschen, Äpfel, Birnen erfreuen den Gaumen des Feinschmeckers oder werden als „Wässerle" kredenzt zur festlichen Tafel.

Das große Blätterdach ist noch erfolgreicher. Sein Chlorophyll nutzt die Energie des Lichtes zur Photosynthese. Es wandelt Kohlendioxid in Sauerstoff um. Die menschlichen Treibgase jedoch verderben die Luft und zerstören unseren natürlichen Schutz, die Ozonschicht. Der Baum hilft uns, den Schaden zu begrenzen. Die Blätter bestehen aus Milliarden von biologischen Solarzellen. Sie produzieren in einem Jahr fast fünf Tonnen lebenswichtigen Sauerstoffs. Eine weitere Tonne Staub und Gift filtert der Baum aus der Luft. Er ist ein zuverlässiger Luftreiniger, ein Arzt für die Atemwege der Menschen. Seine weitausladende Baumkrone verdunstet an jedem Tag bis zu vierhundert Liter Feuchtigkeit. Das ist von großer Bedeutung für das Leben der Menschen und Tiere. Die Krone des Baumes gleicht einem Hotel. Täglich empfängt sie viele hundert Vögel, die willkommene Gäste sind. Es ist ein unruhiges Völkchen, das zu Besuch kommt. Aber diese schwatzende, pfiffig plaudernde Gesellschaft sind angenehme Gäste.

Die Krone des Baumes trägt ihren Namen mit Recht. Wir möchten sie rühmen. Aber der Baum lehrt uns auch, demütig zu sein. Er hat oft erfahren, dass im Herbst seine Äste leer in die Luft schauten. Der Frost hat seine Blüten vernichtet, die Insekten haben seine Früchte zerstochen, die Sonne hat aus dem Boden die letzte Feuchtigkeit gezogen. Der Baum lehrt uns, dass seine Früchte nicht nur eigene Erfolge sind, sondern Geschenke des Himmels.

Man hat unsere Generation als gnadenlos bezeichnet, weil sie zu stolz sei zu danken. Wir planen und leisten, wir machen und fabrizieren. Wir verlangen Anerkennung und Lohn für unsere Leistung. Der Zeitgenosse macht alles in eigener Regie. Er will keine Hilfe. Sonst wäre er zum Dank verpflichtet. Dazu ist er aber zu stolz. Der Wettbewerb der Tüchtigen bestimmt die Leistungsgesellschaft. Aber was berechnet und bezahlt wird, lässt uns hart und kalt werden. Eine Lebensrechnung, die nur auf Leistung und Verdienst setzt, geht nicht auf. Sie ist gnadenlos. Erfahrene Liebe und Güte aber machen gütig.

Impuls Alles, was heute für den Menschen hilfreich ist, dem „gnadenlosen Leistungsstreben" zu entkommen, möchte ich weitersagen. Denn es gibt viele Spielformen von äußeren und inneren Leistungszwängen. In einem Jahrhundert, das für Geschenke, für Hilfe und für den Dank zu stolz ist, möchte ich die Frage des Apostels Paulus als „Wort in den Tag" empfehlen: „Was hast du, das du nicht empfangen hättest?" (1 Kor 4,7)

Jedes Blatt ein Original

Sehe ich den Himmel, das Werk deiner Finger,
Mond und Sterne, die du befestigt:
Was ist der Mensch, dass du an ihn denkst,
des Menschen Kind, dass du dich seiner annimmst?
Du hast ihn nur wenig geringer gemacht als Gott,
hast ihn mit Herrlichkeit und Ehre gekrönt ...
Herr, unser Gott, wie gewaltig ist dein Name auf der ganzen Erde.
(Ps 8, 4-6.10)

Wort in den Tag   Im Herbst schaue ich gern zu, wie der Wind ein buntes Blatt weit hinausträgt. Dann tanzt es der Erde entgegen und fällt zu Boden. Ich bücke mich und nehme eines dieser bunten Blätter in die Hand, betrachte die Linien und Strukturen im Licht. Welch ein Wunderwerk! Jedes Blatt – ein Original! Milliarden Blätter in ungezählten Wäldern haben kein Duplikat. Wir vermögen heute mit Vervielfältigungsgeräten eine unbegrenzte Anzahl von Kopien zu erstellen. Vielleicht können wir sogar den Menschen als Kopie klonen. Eine Perversion der Natur. Denn alles, was die Natur schafft und hervorbringt, sind Originale, einmalige Exemplare.

Auch der Mensch ist einmalig: Die Falten in seinem Gesicht und die Linien in seiner Hand. Kein Fingerabdruck wiederholt sich. Die Zeichnung des Daumenabdrucks ist so einmalig, dass durch ihn die Identität jeder Person unter sechs Milliarden Menschen zu erkennen ist. Jeder ist von Gott einmalig gedacht. Das ist die Verheißung Gottes: „Ich habe deinen Namen in meine Hand geschrieben!" (vgl. Jes 49,16) Wir alle wurden als Originale geboren. Achten wir also darauf, dass wir nicht zu Kopien werden!

Bei Tauffeiern zitiere ich gern ein Wort von Pablo Casals. Dieser große Musiker und Cellist hat gesagt: „Jede Sekunde, die wir in diesem Universum verbringen, ist einzigartig. Und was bringen wir unseren Kindern bei? Dass zwei mal zwei vier ist und Paris die Hauptstadt Frankreichs. Wann wird man sie lehren, was sie selber sind? Jedem dieser Kinder sollte man sagen: Weißt du auch, was du bist? Du bist ein Wunder! Du bist einmalig! Auf der ganzen Welt gibt es kein zweites Kind, das genauso ist wie du! Und Millionen von Jahren sind vergangen, ohne dass es je ein Kind gegeben hat wie dich! Schau deinen Körper an, welch ein Wunder! Deine Beine, deine Arme, deine geschickten Finger. Aus dir kann ein Shakespeare werden, ein Michelangelo, ein Beethoven. Es gibt nichts, was du nicht werden könntest. Jawohl, du bist ein Wunder! Und wenn du erwachsen sein wirst, kannst du dann einem anderen weh tun, der wie du selbst auch ein Wunder ist? Nein, ihr müsst euch lieben! Ihr müsst arbeiten an euch, – alle müssen wir arbeiten –, damit diese Welt ihrer Kinder würdig ist."[15]

Jeder Mensch ist einmalig. Keiner gleicht dem anderen. Einen vollkommenen Doppelgänger gibt es letztlich nicht. Auch Zwillinge sind verschieden. Für mich ist dieser Gedanke der Einzigartigkeit jedes Menschen ganz wichtig. Denn wir sind kein Serienfabrikat, keine Nummer in der Lotterie des Lebens. Ja, wir sind Originale und keine Duplikate: die Farbe unserer Augen, die Falten in unserem Gesicht und die Linien in unserer Haut.

Ich wünsche Ihnen und auch mir, dass die vielen Fähigkeiten, die in uns schlummern, sich immer neu entfalten können. Von Anfang an ist alles in uns angelegt. Gott hat den Menschen wunderbar erschaffen.

Impuls „Jede Sekunde, die wir in diesem Universum verbringen, ist einzigartig. ... Und Millionen von Jahren sind vergangen, ohne dass es einen Menschen gab wie dich." Ist das nicht ein Wunder? Wer darüber nachdenkt, begreift, wie kostbar jeder Tag ist, der anbricht. Alles hat Bedeutung, was mit mir und durch mich heute geschieht. Nichts davon kann ich wiederholen. Einzigartig ist dieser Tag und einzigartig sind die Menschen, denen ich heute begegne. Wenn ich das bedenke, dann wird jeder Tag zum neuen Erlebnis. Auch wenn unsere Stunden in festgelegten Bahnen laufen, dazwischen liegen die Atempausen und die Augenblicke, um das Wunder des Lebens zu preisen. Wer aufmerksam lebt, entdeckt die bunten Farben im grauen Einerlei.

Seid fruchtbar – nicht erfolgreich

Nicht ihr habt mich erwählt,
sondern ich habe euch erwählt
und dazu bestimmt, dass ihr euch aufmacht und Frucht bringt
und dass eure Frucht bleibt.
Dann wird euch der Vater alles geben,
um was ihr ihn in meinem Namen bittet.
(Joh 15,16)

Wort in den Tag   Früchte trägt der Baum, nicht Erfolge. Wir sagen Erfolg und meinen das Ergebnis unserer Leistung. Der Leistungsmensch muss Karriere machen und erfolgreich sein. Frucht aber ist nicht nur Leistung des Menschen. Frucht ist ein Ergebnis der Mühen des Gärtners, aber auch des Segens des Himmels. Der Bauer pflügt und düngt seinen Acker. Die Ernte aber hat viele Bedingungen. Regen zur rechten Zeit und Sonnenschein lassen die Früchte reifen. Der Bauer, der Winzer, der Gärtner sind dankbare Menschen.

„Erfolg ist kein Name Gottes", schreibt Dietrich Bonhoeffer. Und in der Bibel steht nie: „Seid erfolgreich." Oft aber lesen wir in der Heiligen Schrift: „Seid fruchtbar!" Dies wird zum Erkennungszeichen des guten Baumes, wie der Evangelist Matthäus schreibt: „Jeder gute Baum bringt gute Früchte hervor, ein schlechter Baum aber schlechte. Ein guter Baum kann keine schlechten Früchte hervorbringen und ein schlechter Baum keine guten. Jeder Baum, der keine guten Früchte hervorbringt, wird umgehauen und ins Feuer geworfen." (Mt 7,17-19) Und in Kapitel zwölf schreibt er: „Entweder: der Baum ist gut – dann sind auch seine Früchte gut. Oder: der Baum ist schlecht – dann sind auch seine Früchte schlecht. An den Früchten also erkennt man den Baum." (Mt 12,33)

„An den Früchten werdet ihr sie erkennen." Dies ist das eindeutigste Merkmal zur Unterscheidung der Geister. Im Rückblick wird immer klar, ob der Baum gute oder schlechte Früchte getragen hat. Die Ergebnisse unserer Entscheidungen, unserer Bemühungen, unserer Versäumnisse lassen sich nicht retuschieren. Die Früchte sind wahr. Die Früchte bewahren unsere Welt vor den Täuschungsmanövern der Lebenskünstler. An deiner Frucht kannst du dich untrüglich selbst erkennen. An deiner Frucht werden dich andere messen. Die Ergebnisse deiner Bemühungen sind ganz besondere Botschafter. Sorge dich um deine Früchte, dann wirst du leuchten!

Impuls Feiere deine Ernte! Pflücke die Früchte vom Baum deines Lebens! Kann dir Schöneres passieren, als deine Freude zeigen zu dürfen? Mit Stolz – rechtverstanden – zeigt man seine Ergebnisse. Auch auf die Gefahr hin, dass man den Neidern begegnet. Mit meinen Freunden möchte ich ein Erntefest feiern. Es ist gut, wenn in betagten Jahren der Rückblick Freude macht, trotz der verpassten Gelegenheiten. Ich freue mich jedes Mal mit, wenn Eltern mit Stolz von ihren Kindern erzählen. Die Ernte des Lebens will ich feiern. Es wird ein Dankfest sein für meinen Schöpfer, der mich so wunderbar erschaffen, behütet und begleitet hat. (Ps 8)

Loslassen ist eine Kunst

Jesus sagte:
Jeder, der um meines Namens willen Häuser oder Brüder,
Schwestern, Vater, Mutter, Kinder oder Äcker verlassen hat,
wird dafür das Hundertfache erhalten
und das ewige Leben gewinnen.
(Mt 19,29)

Wort in den Tag   Im Herbst fallen die Blätter, und in prächtigen Farben welkt das Leben dahin. Die Bäume legen ihr buntes Kleid ab. Bald stehen sie nackt da. Ihre Blätter folgen dem ewigen Gesetz: Alles fällt und vergeht. Über meinem Schreibpult hängt ein Kalender. Für den Monat November ist ein Gedicht von Rainer Maria Rilke abgedruckt:

> Die Blätter fallen, fallen wie von weit,
> als welkten in den Himmeln ferne Gärten;
> sie fallen mit verneinender Gebärde.
>
> Und in den Nächten fällt die schwere Erde
> aus allen Sternen in die Einsamkeit.
>
> Wir alle fallen. Diese Hand da fällt.
> Und sieh dir andre an: es ist in allen.
>
> Und doch ist Einer, welcher dieses Fallen
> unendlich sanft in seinen Händen hält.[16]

Alles, was geschaffen ist, folgt einem ewigen Gesetz: Es fällt. Die Blätter fallen, diese Hand da fällt, mit verneinender Gebärde aus allen Sternen in die Einsamkeit. Ob auch dies ein Urgesetz des Lebens ist: dass alles Fallen aufgefangen wird? Rainer Maria Rilke spricht uns dieses Trostwort zu: „Und doch ist Einer, welcher dieses Fallen unendlich sanft in seinen Händen hält."
Ganz still geht es vor sich. Ein Blatt löst sich von der Spitze des

Baumes, dreht sich und tanzt in die Tiefe, bis es sich einreiht in einen bunten Teppich. Ob das Blatt weiß, dass es Platz machen muss? Wenn es abfällt, ist schon die Knospe da für das nächste Jahr. In der Knospe ist schon das neue Blatt kunstvoll gestaltet, bis es sich im Frühling neu entfaltet. Alles folgt dem ewigen Gesetz, es fällt. Bevor die Herbststürme beginnen, fallen die Blätter. So wird die Krone leer, und das Blätterdach leistet dem Sturm keinen Widerstand mehr.

Zum Geheimnis des Lebens gehört das Lassen. Manchmal glaube ich, dass es die Kunst des Lebens ist, das Loslassen einzuüben. Alles in uns ist auf Festhalten programmiert. Als Kind greifen wir nach den Dingen. Als Schüler versuchen wir, alles zu begreifen. Als Erwachsener nennen wir es Reichtum, wenn wir viel als unseren Besitz bezeichnen können. Doch in der Mitte des Lebens müssen wir lassen: das Machtstreben, den Vorrang, die Karriere, das Wichtigtun. Die Grenzen des Alters werden spürbar und verlangen von uns Verzichte. Bei der Pensionierung werden wir aus dem Beruf entlassen. Am Ende stehen wir da mit leeren Händen. Denn das Totenhemd hat keine Taschen. Alles, was wir festhalten, entgleitet uns auf geheimnisvolle Weise.

Wir ahnen, dass Neues nur wächst, wenn wir Altes loslassen. Ist das die innere Weisheit des Baumes, der jedes Jahr seine Blätter abwirft, um dem Neuen eine Chance zu geben? Ob auch wir lernen loszulassen, was schwer an uns hängt und unserer Tage Mühsal ausmacht? Uns diese Freiheit nehmen, den Ballast abzuwerfen, um frei für das Neue zu werden: „Die Blätter fallen, wir alle fallen. Diese Hand da fällt. Es ist in allen." Aber in uns wächst die Ahnung, dass hinter allem Loslassen etwas Größeres wartet.

Impuls Ein Lernziel fürs Leben: loslassen, um zu wachsen? Ein altes Wort behauptet: „Was du weggibst, ist dein, was du behältst, geht dir verloren." Wie ist das zu verstehen? Die Bibel sagt es im Bild: „Wenn das Weizenkorn nicht in die Erde fällt und stirbt, bleibt es allein; wenn es aber stirbt, bringt es reiche Frucht." (Joh 12,24) Gekreuzigter Widerspruch: sterben, um zu leben?

Mein Lebensbaum

Gesegnet der Mann, der auf den Herrn sich verlässt
und dessen Hoffnung der Herr ist.
Er ist wie ein Baum, der am Wasser gepflanzt ist
und am Bach seine Wurzeln ausstreckt:
Er hat nichts zu fürchten, wenn Hitze kommt;
seine Blätter bleiben grün;
auch in einem trockenen Jahr ist er ohne Sorge,
unablässig bringt er seine Früchte.
(Jer 17,7-8)

Wort in den Tag   Lieber Bruder Baum, in deinem Sinn-Bild versuche ich mich selbst besser zu verstehen. Aus deinem Holz wird die Wiege geschnitzt und der Sarg angefertigt. Du bist mein Lebensbegleiter.

Wurzeln: Woraus lebe ich? Was habe ich an Gaben von meinem Schöpfer mitbekommen? Was hat mich geprägt? Woran bin ich gereift? War meine Kindheit glücklich?
Wurzelboden: Habe ich festen Halt? Sind meine Wurzeln tief genug, um den Stürmen in Krisenzeiten zu widerstehen? Lebe ich oberflächlich? Habe ich einen Standort, oder lasse ich mich von jeder Modemeinung beeinflussen?
Quellen: Aus welchen Quellen schöpfe ich? Kenne ich die unterirdischen Wasseradern, um in Dürrezeiten zu bestehen? Ist der Glaube wie ein Brunnen, aus dem ich schöpfe?
Der Stamm: Kann man sich an mich anlehnen? Bin ich eine Stütze und wodurch? Ist meine Familie, mein „Stammbaum", mein Zuhause?
Jahresringe: Wie haben mich die Jahre geprägt und verändert? Was waren die schweren Jahre mit engen Wachstumsringen? Welche waren die glücklichen Jahre? Was ist der Mittelpunkt meiner Jahreskreise?
Zweige und Äste: Wohin strebe ich? Wohin taste ich mich vor? Wo breite ich mich aus? Wovon träume ich?
Früchte: Wo bringt mein Leben Frucht, auf die ich stolz sein darf? Kann ich dankbar zurückschauen? Stelle ich mich selbst

unter starken Leistungsdruck? Wie erfahre ich meine Niederlagen und meine Erfolglosigkeit?

Blätter: Weiß ich um meine Einmaligkeit, wie jedes Blatt ein Original ist? Kann ich loslassen wie die Blätter im Herbst? Was verschenkt mein Leben?

Wunden: Durch welche Lebenswunden bin ich gekennzeichnet? Was hat mir geholfen, mit meinen Enttäuschungen und inneren Verletzungen versöhnt zu leben? Sind meine Narben wie Augen, welche auch die Not der anderen sehen?

Waldsterben: Liegt mir die Umwelt und ihre Erhaltung am Herzen? Kreise ich nur um mein eigenes Ich? Setze ich mich mit den gesellschaftlichen Problemen auseinander? Welches Verhältnis habe ich zur jungen Generation?

Wachstumsrichtung: Strebe ich dem Licht und der Sonne entgegen? Lebe ich unter offenem Himmel? Stimmt meine Grundrichtung noch?

Impuls

Gott schenke dir den Segen des Baumes

Gott segne deine Wurzeln
    Er gibt dir festen Halt
    Er schenkt dir gute Erde
    Er verleiht dir die Kräfte der Tiefe
    Er reicht dir das Wasser des Lebens

Gott segne deinen Stamm
    Er verleiht dir Festigkeit, dass andere
      sich an dich anlehnen können
    Er gibt deiner Rinde ihren unverwechselbaren
      Charakter
    Er lässt dich wachsen von innen heraus, Jahr für Jahr
    Er spannt dich aus zwischen Himmel und Erde

Gott segne deine Krone
    Wind und Sturm erhalten dir deine Lebendigkeit
    Die Sonne färbt dein Laub grün, damit wir
      atmen können
    Regen und Tau erfrischen und reinigen dich
    Die Früchte sollen in Fülle reifen für die Erntezeit

So schenke dir Gott den Segen des Baumes.[17]

Der Wald ist ein besonderes Wesen

Ich werde für Israel da sein wie der Tau,
damit es aufblüht wie eine Lilie
und Wurzeln schlägt wie der Libanon.
Seine Zweige sollen sich ausbreiten,
seine Pracht soll der Pracht des Ölbaums gleichen
und sein Duft dem Duft der Wälder des Libanon.
Sie werden wieder in meinem Schatten wohnen;
sie bauen Getreide an und gedeihen wie die Reben,
deren Wein so berühmt ist wie der Wein vom Libanon.
(Hos 14,6-8)

Wort in den Tag   Der Wald ist eine Baumgemeinschaft. Die Bäume fügen sich ein wie Mönche im Chor des Klosters. Sie schaffen sich einen geschützten Lebensraum. Doch kennen sie keine Klausur. Sie laden jeden ein, ihr Leben zu teilen. Der Wald ist wie eine Familie. Die Bäume haben viele Geschwister und Verwandte. Das rührt unsere Sehnsucht an: So brüderlich leben wie ein Wald. Sie stützen sich gegenseitig. Wenn der Sturm kommt, sterben sie gemeinsam.
Siddhartha Gautama Buddha sagte: „Der Wald ist ein besonderes Wesen, von unbeschränkter Güte und Zuneigung, das keine Forderungen stellt und großzügig die Erzeugnisse seines Lebenswerks weitergibt. Allen Geschöpfen bietet er Schutz und spendet Schatten selbst dem Holzfäller, der ihn zerstört." Völker und Familien leben in Wäldern und Hainen. Wälder machen buchstäblich unsere Erde zum bewohnbaren Planeten. Schon vor 3000 Jahren wurde in Babylon in Keilschrift diese Wahrheit niedergeschrieben: „Erst stirbt der Wald, dann stirbt der Mensch." Was man anrichten kann, wenn man die Wälder rücksichtslos abholzt, hat die Geschichte gelehrt. Nordafrika war einst die Kornkammer des Römischen Reiches. Heute sind die Tropenwälder in Gefahr. Sie brauchen Verbündete, um eine neue Sensibilität zu verbreiten.
„Wer möchte leben ohne den Trost der Bäume?" schreibt Günter Eich.[18] In ihren Wipfeln rauscht die Zukunft der Welt, in ihren

Wurzeln ruht die Unendlichkeit. Wir stecken doch alle im gleichen Boden, leben von der Mutter Erde. Ist so viel Gemeinsamkeit nicht auch zu preisen?

Die Äste und Zweige des Baumes sind seine Kontakte und Beziehungen. Sein Wesen ist Geben und Nehmen, Schenken und Beschenktwerden. Sie leben wie wir. Sie leben vom Dialog. Sie breiten über uns ihr Dach der Treue aus. Sie sind wie eine Herberge, die uns Schutz gewährt. Sie sind wie ein Hotel für unzählige Vögel. Sie sind wie Mütter, die in Nestern ihre Brut hüten. Ihr Stamm ist Stütze und Halt. Je stärker ihr Stamm ist, um so mehr verkraften sie das Anlehnen.

Wenn der Baum einzeln und frei steht, braucht er tiefe Wurzeln. Bewunderung schenkt man dem Baum, der frei stehen kann. Er ist wie ein Einsiedler, nicht wie einer, der aus Schwäche davongeschlichen ist, sondern wie ein Held, der den Kampf allein bestehen muss. Wenn in unseren großen Städten 50 Prozent der Bewohner allein leben in Einpersonenhaushalten, bleibt die Frage, ob alle die Kraft haben, die Einsiedlern geschenkt wird.

Impuls

> *Das Gebet des Waldes*
> Mensch! Ich bin
> die Wärme deines Heimes
> in kalten Winternächten,
> der schirmende Schatten,
> wenn des Sommers Sonne brennt.
> Ich bin der Dachstuhl deines Hauses,
> das Brett deines Tisches.
> Ich bin das Bett, in dem du schläfst.
> Ich bin das Holz,
> aus dem du deine Schiffe baust.
> Ich bin die Türe deiner Hütte.
> Ich bin das Holz deiner Wiege
> und deines Sarges.
> Ich bin das Brot der Güte,
> die Blume der Schönheit.
> Erhöre mein Gebet:
> zerstöre mich nicht![19]

Vier Jahreszeiten

Lernt etwas aus dem Vergleich mit dem Feigenbaum!
Sobald seine Zweige saftig werden und Blätter treiben,
wisst ihr, dass der Sommer nahe ist.
(Mt 24,32)

Wort in den Tag   An den Bäumen erleben wir anschaulich die Jahreszeiten: Frühling, Sommer, Herbst und Winter. Wir wären ärmer ohne Jahreszeiten. Es gibt Landstriche auf unserer Erde, die den Wechsel der Jahreszeiten nicht kennen. In Ländern in der Nähe des Äquators behalten die Bäume ihr Laub. Immer grünt es neu, und immer fällt es ab.

Ich möchte den Wechsel von Frühling, Sommer, Herbst und Winter nicht missen. Ohne diesen Wechsel fehlte mir ein Stück Kreativität. Beständigkeit ohne Wandel wäre für mich trostlos. Wie freut man sich, wenn nach dem kalten Winter die ersten Blüten an den Bäumen aufbrechen. Wie gern holt man sich im Sommer einen rotwangigen Apfel aus dem Garten. Wie gut tut ein Spaziergang im bunten Herbstwald. Wie leuchten die Schneekleider der Tannen in frostigen Wintertagen.

Der Frühling bringt die Botschaft: Das Leben ist stärker als der Tod. Mit jedem grünen Blatt, das aus der Knospe bricht, mit jeder zarten Kirschblüte wird unsere Hoffnung neu geweckt. Der Sommer bringt die Botschaft, dass mit der Ernte alle Mühsal belohnt wird. Die Früchte reifen unter dem Segen des Himmels. Der Herbst bringt uns die Botschaft, dass wir Abschied nehmen müssen. Die Blätter, die jetzt fallen, lehren uns die Kunst loszulassen. Der Winter bringt die Botschaft, dass wir Ruhepausen brauchen. Warten können in der Hektik unserer Tage, die Kräfte sammeln in den Speichern unserer Lebensquellen.

Der Winter ist die große Atempause im Rhythmus des Jahres. Die Natur ruht sich aus. Der Winter ist die Zeit der Brache. Nach dem deutschen Wörterbuch ist die Brache gepflügtes, unbebautes Land. Die Brache ist auch die Zeit, während der ein Acker unbebaut bleibt, damit sich der Boden erholen kann, Aus den Geschichtsbüchern wissen wir, dass die Germanen immer für ein ganzes Jahr ein Drittel der Ackerfläche unbebaut ließen. Die

Dreifelderwirtschaft war eine kluge Art und Weise, den Boden nicht ganz auszulaugen. Was heute mit Kunstdünger dem Ackerland zugemutet wird, ist eher Ausbeutung.

Wie die Bäume die Jahreszeiten halten, so können wir lernen, dem eigenen Leben einen Rhythmus zu geben. Wir haben heute die natürlichen Maßstäbe verloren. Das Leben hat immer ein Maß und braucht eine Ordnung. Ein alltäglicher Rhythmus ist uns vorgegeben. Der Rhythmus von Tag und Nacht, von Wachen und Schlafen, von Werktag und Sonntag. Die Maßlosigkeit verursachen wir selbst. Wir drücken auf den Lichtschalter und verwandeln die Nächte in Tage. Wir trinken eine Tasse Kaffee und verdrängen die Schläfrigkeit. Wir schlucken Vitaminpräparate und verkürzen unsere Ruhephasen. Wir haben viele Möglichkeiten, natürliche Ordnungen zu durchbrechen.

Aber alles Übermaß ist vom Bösen. Alle Einseitigkeit macht uns krank. Alle Extreme machen uns depressiv. Die Tugend liegt im Maß, das Laster im Extrem. Es ist die Kunst des Lebens, die richtige Dosierung zu finden. Ein schädliches Gift kann zur Medizin werden, wenn es im richtigen Maß verabreicht wird.

Impuls Der Rhythmus der Jahreszeiten ermöglicht uns die Einsicht, dass wir Atempausen brauchen und Brachzeiten notwendig sind, die nicht unter Leistungsdruck stehen. Das Gedicht von Eveline Hasler „Brachzeit" lädt uns ein, uns ohne Angst der Stille anvertrauen.

> Vom Winter lernen
> der Stille zu vertrauen
> der Sprengkraft des Unsichtbaren
> und dem Sammeln in den Kammern
> während der
> Brachzeit
>
> Vom Winter
> wieder lernen
> sich überschneien zu lassen
> ohne Furcht[20]

Der Baumchirurg

Ich bin der wahre Weinstock, und mein Vater ist der Winzer.
Jede Rebe an mir, die keine Frucht bringt, schneidet er ab,
und jede Rebe, die Frucht bringt, reinigt er,
damit sie mehr Frucht bringt ...
Bleibt in mir, dann bleibe ich in euch.
Wie die Rebe aus sich keine Frucht bringen kann,
sondern nur, wenn sie am Weinstock bleibt,
so könnt auch ihr keine Frucht bringen,
wenn ihr nicht in mir bleibt.
Ich bin der Weinstock, ihr seid die Reben.
Wer in mir bleibt und in wem ich bleibe, der bringt reiche Frucht;
denn getrennt von mir könnt ihr nichts vollbringen.
(Joh 15,1f.)

Wort in den Tag   Baumchirurg ist heute ein Beruf. Es will gelernt sein, wie man einen Baum beschneidet, pflegt und umhegt. Ich erinnere mich an meinen Großvater. Er war kein geschulter Gärtner, er war ein Baumpfleger, der seine Obstbäume liebte. Im Frühjahr, bevor die Knospen aus dem Winterschlaf erwachten, ging er in den Obstgarten. Tagelang arbeitete er emsig. Er wusste, welchen Ast man wegschneiden musste und über welchen Knospen er den Schnitt ansetzte. „Nur so gedeiht er und trägt Früchte", sagte er. „Wenn man den Obstbaum nicht beschneidet, gibt es nur Wildwuchs."

Manchmal half ich ihm und sammelte die abgeschnittenen Zweige ein. Ich war überrascht, wie viel er weggeschnitten hatte. Kann ein Baum auch weinen? Kann man auch zu viel wegschneiden und ihn verstümmeln? Mein Großvater verstand die Pflege unserer Obstbäume. Im Herbst kletterte ich oft in einen Apfelbaum und holte mir den schönsten Apfel herunter.

Manchmal tut mir so ein Bäumchen leid. An einem dicken Pfahl ist es angebunden. Stütze und Halt soll der Baum finden, doch es sieht aus, als sei ein junger Zögling mit Gewalt an eine Stange gebunden. Sein Übermut wird so gebändigt und aller Wildwuchs schnell beschnitten. Ob mancher Pädagoge zu sehr den eigenen Willen anderen aufzwingt? Das Maß und die Dosierung sind die Kunst der Erziehung. Böse Ahnungen steigen in mir immer auf, wenn ich Spalierobst sehe. Der Birnbaum ist an die Mauer genagelt und in ein Korsett gespannt. Erstaunlich, dass er uns noch seine Früchte schenkt.

Bäume müssen beschnitten werden, wenn sie wachsen und gedeihen sollen. Aber der Unterschied zwischen Beschnittenwerden und Verstümmeltwerden ist groß. Ich möchte darauf achten, dass ich keinen Beitrag leiste zur Verstümmelung. Zu viel Gewalt ist in der Welt, zu wenig Freiraum für Entfaltung. Wachsen in die Höhe, in die Tiefe und mit ausgebreiteten Armen soll der Baum. Auch der Mensch soll sich so entfalten. Wenn statt Freiheit nur die Angst regiert, dann hält man vergeblich Ausschau nach den ausgebreiteten Armen.

Trotz Beschneidung meine Wachstumsprozesse sehen. Das möchte ich begreifen. Den Baum in mir entdecken, der unaufhörlich wächst. Die Energie und Kraft, die in mich hineingelegt ist, fördern und entfalten. Im Übermut aber auch akzeptieren, dass der Wildwuchs weggeschnitten wird. Ich spüre das Wachsen in mir. Ich spüre, dass ich Geschöpf bin und Schöpfer zugleich.

Impuls „Und allem Weh zu Trotze bleib ich verliebt in die verrückte Welt", schreibt Hermann Hesse in seinem Gedicht „Die gestutzte Eiche". Ob auch uns diese „versöhnte" Einstellung möglich ist?

> Wie haben sie dich, Baum, verschnitten,
> Wie stehst du fremd und sonderbar!
> Wie hast du hundertmal gelitten,
> Bis nichts in dir als Trotz und Wille war!
> Ich bin wie du, mit dem verschnittnen,
> Gequälten Leben brach ich nicht
> Und tauche täglich aus durchlittnen
> Rohheiten neu die Stirn ins Licht.
> Was in mir weich und zart gewesen,
> Hat mir die Welt zu Tod gehöhnt,
> Doch unzerstörbar ist mein Wesen,

Ich bin zufrieden, bin versöhnt,
Geduldig neue Blätter treib ich
Aus Ästen hundertmal zerspellt,
Und allem Weh zu Trotze bleib ich
Verliebt in die verrückte Welt.[14]

Alles, was lebt, trägt Wunden davon

Er hat unsere Sünden mit seinem Leib
auf das Holz des Kreuzes getragen,
damit wir tot seien für die Sünden und für die Gerechtigkeit leben.
Durch seine Wunden seid ihr geheilt.
(1 Petr 2,24)

Wort in den Tag   Keiner bleibt unverletzt. Jeder Baum hat seine eigene Geschichte. Stürme brechen seine Äste ab. Wunden kerben sich in seine Rinde. Bäume, verwundbar wie wir. Keiner bleibt unverletzt. Alles was lebt, trägt Wunden davon: Enttäuschungen, Schicksalsschläge, zerbrochene Beziehungen. Nicht selten wächst die Verbitterung. Die Erinnerungen vergiften unser Denken und Fühlen. Eine schwere Not heißt: Leiden an Erinnerungen. Kränkungen seit der Kinderzeit, Zurücksetzungen und Enttäuschungen, auch eigene Schuld sind seelische Verwundungen, die in fast jeder Lebensgeschichte eine Rolle spielen.

Können Erinnerungen unser Leben so stark bestimmen? In uns sammelt sich ein Vorrat an Erinnerungen. Wir nehmen unsere Welt durch unsere eigenen Erfahrungen wahr. Nicht nur Tatsachen und Ereignisse bestimmen unser Denken, sondern auch die Erinnerungen. Wenn ich einen Menschen richtig verstehen will, dann bitte ich ihn: Erzählen Sie mir Ihre Lebensgeschichte. Dabei sind Erinnerungen immer subjektiv gefärbt. Wir sehen die Ereignisse durch unsere eigene Brille.

Auch neigt der Mensch dazu, die schmerzlichen Erinnerungen zu vergessen; die positiven Erinnerungen bleiben aber länger wach. Wir sprechen von der „goldenen Vergangenheit". Viele wertvolle Erinnerungsstücke wie Auszeichnungen, Bilder, Diplome und Trophäen verstärken diese Tendenz in uns. Wie gehen wir aber mit unseren Enttäuschungen, mit unseren Lebenswunden um? „Das muss doch mal vergessen sein!" „Darüber möchte ich nicht mehr reden!" Wir lassen Gras darüber wachsen. Doch verdrängte Erinnerungen sind nicht geheilt. Sie wirken in unserem Unterbewussten unkontrolliert weiter. Wir erlauben den vergessenen Erinnerungen, eigenmächtige Kräfte zu entwickeln, die unser Leben vergiften können.

Wie gehen wir mit unseren Lebenswunden um? Seelische Verletzungen wie Ablehnung, Verleumdung, Verlust müssen uns nicht krank machen, wenn wir günstige Bedingungen schaffen, damit sie heilen können. Es ist wie bei körperlichen Wunden: Zuerst blutet die Wunde. Dies entspricht bei inneren Verletzungen dem Schmerz und den Tränen. Wenn einer weinen kann, befreit er sich vom Druck der Verdrängung. Dann legen wir auf körperliche Wunden einen Verband. Dies entspricht bei seelischen Verwundungen der Zeit der Trauer, wo wir uns zurückziehen. Wir müssen dem Trauernden Zeit lassen und verstehen, wenn er sagt: Ich möchte allein sein! Bei körperlichen Wunden müssen wir bald den Verband abnehmen, damit Luft an die Wunde kommt. Nur so heilt sie. Wird der Verband nicht gewechselt, entzündet sich die Wunde, und im Körper entsteht ein Eiterherd, der den Blutkreislauf belastet. Was krank macht, sind vergiftete Wunden. Entsprechend gilt bei seelischen Verwundungen: Die Isolation darf kein Dauerzustand werden! Ich muss mit einem Freund darüber reden. Ich muss meine Gefühle, meinen Zorn, meinen Schmerz ausdrücken können. Wenn ich das unterlasse und die Probleme nur verdränge, entwickle ich Verdauungsschwierigkeiten oder Kreislaufprobleme.

Heilen, was verwundet ist? Der erste Schritt zur Heilung heißt: sich erinnern. Wir müssen uns den Schmerz zumuten und die dunklen Seiten unseres Lebens anschauen. Wir müssen sie ans Licht holen und darüber reden. Denn was nicht geheilt, sondern nur vergessen ist, wirkt umso gefährlicher, weil es unkontrolliert unser Gefühlsleben bestimmen kann. C.G. Jung sagt: „Man wandelt nur das, was man annimmt."

Im Sicherinnern, Klagen, Erzählen liegt die Chance der Heilung. Es ist klar, dass eine Verletzung nicht einfach verschwindet. Aber die Wunde vernarbt. Sie tut nicht immer weh. Bei Wetterwechsel spüre ich die Narbe vielleicht wieder. Aber ich kann mit ihr leben. Die Narben wachsen mit uns. Die Narben werden zu Augen. Ich bin sensibler geworden, auch für andere. Wenn schmerzliche Erinnerungen in uns aufsteigen, sollten wir sie nicht beiseite schieben. Wir schauen sie an – immer wieder, bis sie allmählich heilen.

Gibt es eine tiefere Heilung bis in die Wurzeln hinein? Im ersten Petrusbrief heißt es: „Durch seine Wunden seid ihr geheilt." (1 Petr 2,24) Als Christen haben wir eine Geschichte geerbt, die wir so erzählen müssen, dass unsere Lebenswunden aus ihrer Isolation befreit werden. Unsere Lebensgeschichte mit ihren Abgründen und tiefen Enttäuschungen wird in einen größeren Zusammenhang gestellt. Wenn wir die menschliche Geschichte mit der Geschichte des leidenden Gottesknechtes zusammenbringen, durchbrechen wir die ichbezogene, individualistische Sicht. Unsere Wunden finden Heilung in den Wunden, die der Gekreuzigte trägt. „Durch seine Wunden sind wir geheilt."

Impuls Die Verse von Nelly Sachs sind nicht einfach zu verstehen. Als Jüdin hat sie schweres Leid erfahren. Die letzten Jahres ihres Lebens waren durch ein Krebsleiden gekennzeichnet.

> Die Berufung des Herzens, Wunde zu sein.
> Das Herz, der gefesselte Flüchtling,
> will herausspringen aus dieser Berufung.
> Du, Flüchtling, lass dich fesseln von der Liebe.
> Bleib!
> Bleib und glaube an das Glück in den Wunden der Liebe.
> Und du, entflohenes Herz, komm zurück!
> Denn du bist heimatlos außerhalb der Liebe.
> Komm zurück![21]

Kleines Senfkorn Hoffnung

Er erzählte ihnen ein Gleichnis und sagte:
Mit dem Himmelreich ist es wie mit einem Senfkorn,
das ein Mann auf seinen Acker säte.
Es ist das kleinste von allen Samenkörnern;
sobald es aber hochgewachsen ist,
ist es größer als die anderen Gewächse
und wird zu einem Baum, so dass die Vögel des Himmels kommen
und in seinen Zweigen nisten.
(Mt 13,31-32)

Wort in den Tag   Moltke wurde als alter Mann einmal gefragt, was er, der Vielbeschäftigte und hoch Verantwortliche, in der ruhigen Schlussphase seines Lebens noch tun wolle. Er antwortete: „Einen Baum wachsen sehen." Manchmal nur schauen und staunen, wie ein Samenkorn keimt und wächst und Frucht bringt. Etwas davon ahnen, welche Lebenskraft in ein einziges Samenkorn hineingelegt ist, wie es ohne Hast wächst und dem Segen des Himmels vertraut. Wer noch staunen kann, gehört zu den Gesegneten dieser Erde.
Auf einer Israelreise legte mir der Reisebegleiter ein Senfkorn in die Hand. Ein winzig kleines Korn, das er von einer großen Staude pflückte. Mit dem Himmelreich ist es wie mit einem Senfkorn. Als Schüler hatte ich mich immer gewundert, dass das Senfkorn das kleinste auf der Welt sein sollte, wie es das Evangelium behauptet. Die Küchensenfkörner sind ja relativ groß. Aus diesem winzig kleinen, schwarzen Punkt wächst ein großer Baum. Auf den Kontrast kommt es an. Im Kleinsten ist alles schon verborgen. Wir müssen nur vertrauen, dass es sich entfalten kann.
Wie oft habe ich Menschen ein solch biblisches Senfkorn in die Hand gelegt und gesagt: „Das Himmelreich ist wie ein Senfkorn." Sie haben es immer verstanden. Ihr Gesicht leuchtete auf. Ein verlässliches Bild gegen Kleinmut und Angst. „Kleines Senfkorn Hoffnung, mir umsonst geschenkt. Werde ich dich pflanzen, dass du weiterwächst, dass du wirst zum Baume, der uns Schatten wirft, Früchte trägt für alle, die in Ängsten sind."

Manche haben das Senfkorn eingepflanzt. Einer schrieb später: „Wenn ich kleinmütig bin, dann gehe ich die Senfkornstaude anschauen. Das kleinste Samenkorn hat in sich eine Lebenskraft, die mich ermutigt." Man kann Vertrauen lernen am Beispiel des Senfkorns. Und wenn alles vergeblich erscheint, wenn das Warten schwer fällt und man ungeduldig den Erfolg erzwingen und ganz schnell Früchte sehen will, dann ist das Senfkorn unser stiller Mahner.

Die ursprüngliche Botschaft Jesu trägt in sich einen grenzenlosen Optimismus oder besser ein grenzenloses Gottvertrauen. Die Bibelwissenschaftler nennen die Wachstumsgleichnisse deshalb die Texte des „galiläischen Frühlings". Wo sich in der Gemeinde Enttäuschung breit machte, erzählten sie sich diese Wachstumsgleichnisse. Nirgendwo in den Evangelien sind wir näher, unmittelbarer an der Botschaft des Mannes aus Nazaret. Das ist die eigentliche Antwort der Wachstumsgleichnisse: Vertraut auf die Kraft des Kleinen, denn Gott wirkt gerade in ihm. „Die Apostel baten den Herrn: Stärke unseren Glauben! Der Herr erwiderte: Wenn euer Glaube auch nur so groß wäre wie ein Senfkorn, würdet ihr zu dem Maulbeerbaum hier sagen: Heb dich samt deinen Wurzeln aus dem Boden, und verpflanz dich ins Meer!, und er würde euch gehorchen." (Lk 17,5-6)

Impuls Meister Eckhart, der große Mystiker des Mittelalters, hat gesagt: „Treibt die Bilder mit den Bildern aus." Welche Bilder haben sich in meinem Inneren festgesetzt? Welche Bilder machen mir Angst? Welche Bilder, Worte, Erfahrungen vertreiben die negativen Vorstellungen?

Der Dornbusch in der Wüste

Dort erschien ihm der Engel des Herrn in einer Flamme,
die aus einem Dornbusch emporschlug.
Er schaute hin:
Da brannte der Dornbusch und verbrannte doch nicht.
Mose sagte:
Ich will dorthin gehen
und mir die außergewöhnliche Erscheinung ansehen.
Warum verbrennt denn der Dornbusch nicht?
Als der Herr sah, dass Mose näher kam, um sich das anzusehen,
rief Gott ihm aus dem Dornbusch zu: Mose, Mose!
Er antwortete: Hier bin ich.
Der Herr sagte: Komm nicht näher heran! Leg deine Schuhe ab;
denn der Ort, wo du stehst, ist heiliger Boden.
Dann fuhr er fort: Ich bin der Gott deines Vaters,
der Gott Abrahams, der Gott Isaaks und der Gott Jakobs.
(Ex 3,2-6)

Wort in den Tag Einst wurde ein Rabbi gefragt: „Warum wählte Gott einen Dornbusch, um mit Mose aus ihm zu reden? Der Rabbi antwortete: „Gott wählte den ärmlichen Dornbusch, um dich zu belehren, dass es auf Erden keinen Platz gibt, an dem Gott nicht anwesend sein könnte. Nicht einmal der Dornbusch in der Wüste ist zu gering." Eine andere jüdische Überlieferung erzählt: „Gott wählte den Dornbusch als Ort des Verweilens, den Strauch, der voller Dornen und Stacheln war, weil er Israels Bedrängnis sah. Er nahm Anteil an ihrer Not." Gott wählte den Dornbusch und warf sein Feuer hinein. Der geringste Strauch, der hinterste Winkel, der letzte Platz ist gut genug als Ort der Erscheinung, als Wohnung für Gott.

Später wird der Sohn Gottes als der mit Dornen Gekrönte in der Mitte seiner Schergen stehen. Der Evangelist Matthäus schreibt: „Sie flochten einen Kranz aus Dornen, den setzten sie ihm auf ... Sie verhöhnten ihn, indem sie riefen: Heil dir, König der Juden!" (Mt 27,29) Der König mit der Dornenkrone ist in Wahrheit unser Bruder in den Dornen, der unsere Not teilen will. Nun können wir erfahren: Selbst dort, wo „die Dornen und Sta-

cheln", wo die Bedrängnisse des Lebens sind, da ist Gott. Gott will uns nahe sein. Er nennt uns aus dem Feuer des brennenden Dornbusches seinen Namen: Ich bin der „Ich-bin-da" (Ex 3,14). Er stellt sich zu uns, wo immer wir sind. Er bleibt bei uns, auch wenn wir uns verstrickt haben.

Impuls Wenn einer in den Dornen festsitzt und ein Mensch sagt: „Ich bleibe bei dir, ich lasse dich nicht im Stich, ich bin für dich da auch in deiner Not und Bedrängnis", dann handelt er wie Gott.

Baum der Versöhnung

Dann brach er auf und ging zu seinem Vater.
Der Vater sah ihn schon von weitem kommen,
und er hatte Mitleid mit ihm.
Er lief dem Sohn entgegen, fiel ihm um den Hals und küsste ihn.
Da sagte der Sohn: Vater, ich habe mich gegen den Himmel
und gegen dich versündigt;
ich bin nicht mehr wert, dein Sohn zu sein.
Der Vater aber sagte zu seinen Knechten:
Holt schnell das beste Gewand, und zieht es ihm an,
steckt ihm einen Ring an die Hand, und zieht ihm Schuhe an.
Bringt das Mastkalb her, und schlachtet es;
wir wollen essen und fröhlich sein.
Denn mein Sohn war tot und lebt wieder;
er war verloren und ist wiedergefunden worden.
Und sie begannen, ein fröhliches Fest zu feiern.
(Lk 15,20-24)

Wort in den Tag   Eine Erzählung hat mich immer stark berührt: „Einmal saß ich bei einer Bahnfahrt neben einem jungen Mann, dem sichtlich etwas Schweres auf dem Herzen lastete. Schließlich rückte er dann auch damit heraus, dass er ein entlassener Sträfling und jetzt auf der Fahrt nach Hause sei. Seine Verurteilung hatte Schande über seine Angehörigen gebracht, sie hatten ihn nie im Gefängnis besucht und auch nur ganz selten geschrieben. Er hoffte aber trotz allem, dass sie ihm verziehen hatten. Um es ihnen aber leichter zu machen, hatte er ihnen in einem Brief vorgeschlagen, sie sollten ihm ein Zeichen geben, an dem er, wenn der Zug an der kleinen Farm kurz vor der Stadt vorbeifuhr, sofort erkennen könne, wie sie zu ihm stünden. Hatten die Seinen ihm verziehen, so sollten sie in dem großen Apfelbaum an der Strecke ein weißes Band anbringen. Wenn sie ihn aber nicht wieder daheim haben wollten, sollten sie gar nichts tun, dann werde er im Zug bleiben und weiterfahren, weit weg, Gott weiß, wohin. Als der Zug sich seiner Vaterstadt näherte, wurde seine Spannung so groß, dass er es nicht über sich brachte, aus dem Fenster zu schauen. Ein anderer

Fahrgast tauschte den Platz mit ihm und versprach, auf den Apfelbaum zu achten. Gleich darauf legte er dem jungen Sträfling die Hand auf den Arm. „Da ist er", flüsterte er, und Tränen standen ihm plötzlich in den Augen, „alles in Ordnung. Der ganze Baum ist voll weißer Bänder." In diesem Augenblick schwand alle Bitternis, die sein Leben vergiftet hatte. „Mir war", sagte der Mann später, „als hätt' ich ein Wunder miterlebt. Und vielleicht war's auch eins."[21]

Der Baum voller weißer Bänder bringt tiefe Versöhnung zum Ausdruck. „Du bist daheim willkommen, trotz allem!" Damit beginnt das Wunder der Verwandlung, dass man angenommen wird. C.G. Jung sagte: „Man wandelt nur das, was man annimmt." In diesem Wort liegen Weisheit und Wahrheit.

Wir werden erzogen: „Wenn du brav bist, mag ich dich leiden!" Wir sagen: „Wenn du gebüßt hast, nehmen wir dich wieder an!" Wir verlangen: „Wenn du deine Reue durch Taten bewiesen hast, dann reichen wir dir die Hand!" Dieser Weg der Verwandlung ist hart. Es gibt einen anderen Weg. Der beginnt mit der Versöhnung. Denn man wandelt nur das, was man ohne Bedingungen annimmt. Die Psychologen lehren uns, dass man mit seinem eigenen Schatten leben muss. Wenn man ihn nur verdrängt, hat man keine Chance, etwas zu ändern. Auch im Evangelium zeigt uns Jesus einen Gott, der uns bedingungslos zuerst einmal annimmt, trotz unseres Versagens. Das ist die Botschaft vom barmherzigen Vater. (Lk 15, 11-32) Wenn Sie wissen wollen, wie Gott zu Ihnen steht, dann lesen Sie doch die drei Gleichnisse vom „Verlorenen" in Kapitel 15 des Lukasevangeliums.

Der Sohn verlangt sein Erbe und kehrt dem Vaterhaus den Rücken. Doch der Vater steht unter der offenen Tür und hält Ausschau, ob er vielleicht eines Tages zurückkehrt. Als der Sohn endlich heimkehrt, läuft der Vater ihm entgegen, fällt ihm um den Hals und küsst ihn. Der Sohn sagt: „Mache mich zum Tagelöhner, ich bin nicht wert, dein Sohn zu sein." Der Vater will keinen Knecht, der büßt und Wiedergutmachung leistet. Er steckt ihm den Siegelring (das Scheckbuch) sofort wieder an die Hand. Er lädt seinen Sohn an seinen Tisch. Er feiert das Festmahl der Versöhnung mit ihm. Wer diese bedingungslose Liebe und Barmherzigkeit erfährt, ist ein Verwandelter bis in die dunklen Seiten seiner Seele.

Das Gleichnis sagt uns: Gott achtet die Freiheit des Menschen. Er lässt uns gehen, auch wenn wir ihm den Rücken kehren. Aber er wendet sich nicht ab. Er behält uns im Blick auf all unseren Wegen. Auch auf unseren Abwegen schaut er nach uns. Am Ende, wenn wir heimkehren, schaut er uns an mit Augen der Barmherzigkeit. Dann sind wir Auge in Auge bei Gott. Das ist Heimkehr ein für alle Mal.

Impuls In uns allen wohnt eine tiefe Sehnsucht, geliebt und angenommen zu sein. Wir möchten nicht nur anerkannt sein wegen unserer Leistungen, sondern angenommen sein trotz unserer Fehler. Jean Vaniers ist Begründer der Arche-Bewegung. Was er in den Wohngemeinschaften mit Behinderten gelernt hat, beschreibt er so: „Was ich bei den Behinderten erfahren habe, das war das, was zuerst kommt. Das ist der Schrei. Der Schrei: ‚Liebst du mich?' Ich denke, dieser Urschrei ist in jedem Menschen: ‚Liebst du mich?' Aber meistens haben wir Angst, so herauszuschreien. Denn vielleicht gehen alle an uns vorbei. Keiner beachtet uns. Deshalb müssen wir uns darauf vorbereiten, mächtig zu werden. Wir müssen unsere Fähigkeiten entfalten und reich an Kompetenz werden. Dann hängen wir von keinem ab.

Wir müssen glänzen. Es wird uns beigebracht, der Erste und der Beste zu sein. Dann haben wir Macht. Aber wir sind einsam. Wir sind leer. Und es wächst ein Bedürfnis in uns, diese Leere zu füllen. Wir versuchen, diese Leere mit allem zu füllen, was wir nur finden können: Nahrungsmittel, Sexualität oder Alkohol. Aber in uns bleibt der Urschrei. Es ist heute der Schrei der ganzen Menschheit: ‚Warum werde ich nicht geliebt?'"[22]

Der Schattenbaum

Gott ist treu,
er bürgt dafür, dass unser Wort euch gegenüber
nicht Ja und Nein zugleich ist.
Denn Gottes Sohn Jesus Christus,
der euch durch uns verkündigt wurde, ...
ist nicht als Ja und Nein zugleich gekommen;
in ihm ist das Ja verwirklicht.
Er ist das Ja zu allem, was Gott verheißen hat.
Darum rufen wir durch ihn zu Gottes Lobpreis auch das Amen.
(2 Kor 1,18-20)

Wort in den Tag   In einer Zeitung fand ich ein Gedicht von
Ulla Hahn:

Bekanntschaft
Die Fehler sind bekannt: Ich habe sie längst begangen
Schuld oder Unschuld trifft mich ganz allein
ich bin auf meinen eigenen Leim gegangen
ich fiel auf keinen als mich selber rein.

Was ich auch tue, macht die Fehler schwerer
die Fehler machen bald mein Leben aus
ich bin in diesem Leben eingefangen
ich komme nicht aus meiner Haut heraus,

die narbenstrotzend an mir klebt und knittert
und mit den Jahren deutlicher verwest
ich bin die einzige, die vor mir zittert
ich weiß, dass niemand mich von mir erlöst.[23]

Ist das der Mensch? Eingefangen in seine Fehler? Unfrei und
unerlöst stimmt er sein Klagelied an: „Was ich auch tue, macht
die Fehler schwerer. Ich bin in diesem Leben eingefangen, ich

komme nicht aus meiner Haut heraus." Der Mensch kann sich nicht selbst erlösen. Wir werden mit der Schuld allein nicht fertig: „Ich weiß, dass niemand mich von mir erlöst."

Was Ulla Hahn in Versen ausdrückt, ist in einer bekannten Erzählung aus Asien so beschrieben: „Es war einmal ein Mann, den ängstigte der Anblick seines eigenen Schattens so sehr, dass er beschloss, ihn hinter sich zu lassen. Er sagte zu sich: Ich laufe ihm einfach davon. So stand er auf und lief davon. Aber der Schatten folgte ihm mühelos. Er sagte zu sich: Ich muss schneller laufen. Also lief er schneller und schneller, lief so lange, bis er tot zu Boden sank."

In der Tat: Es ist oft zum Davonlaufen. Der Anblick des eigenen Schattens kann uns Angst einjagen. Es ist zum Davonlaufen: Weg von den Konflikten, weg von den zerbrochenen Beziehungen, weg von den Halbheiten und Inkonsequenzen, von Versagen und Schuld, weg, weit weg, ja nichts mehr davon hören, ja nichts mehr davon sehen. So sind wir auf der Flucht vor unserem Schatten. Aber er sitzt uns auf den Fersen, er folgt uns – mühelos.

Muss die Schatten-Geschichte so enden, dass man sich totläuft? Es gibt noch eine andere Möglichkeit. Die Erzählung deutet sie an, in einem Nachsatz: „Wäre der Mann in den Schatten eines Baumes getreten, so wäre er seinen eigenen Schatten losgeworden. Aber darauf kam er nicht." Warum ist er nicht darauf gekommen? Wo ist ein Baum, der unseren Schatten aufnimmt? Hier sind wir mit unserer Geschichte am Ende. Hier beginnt eine andere Geschichte. Gott hat sich unserer Sache angenommen. Er hat in unserer Mitte einen Baum aufgerichtet, den Baum des Kreuzes. Wir können uns mit unserer Schuld unter diesen Baum stellen. Dann brauchen wir nicht mehr unserem Schatten davonzulaufen. Auch unsere dunklen Seiten dürfen wir annehmen. Wir brauchen unser Versagen nicht zu verharmlosen. Wir brauchen nichts zu verdrängen, wenn wir unter dem Kreuzesbaum Versöhnung mit unserer eigenen Lebensgeschichte erfahren.

Impuls Es lohnt sich für mich, heute einmal über das Wort des Apostels Paulus an die Gemeinde in Korinth nachzudenken: „Gottes Sohn Jesus Christus ist nicht als Ja und Nein zugleich gekommen; in ihm ist das Ja verwirklicht." In Jesus ist kein Nein, nur das Ja. Er ist das Ja Gottes zu dir und mir. „Sag ja zu mir, wenn alles nein sagt. Und wenn du ja sagst, kann ich leben!"[24]

Der Ölbaum ist im Sterben geübt

Dann verließ Jesus die Stadt
und ging, wie er es gewohnt war, zum Ölberg;
seine Jünger folgten ihm.
Als er dort war, sagte er zu ihnen:
Betet darum, dass ihr nicht in Versuchung geratet!
Dann entfernte er sich von ihnen ungefähr einen Steinwurf weit,
kniete nieder und betete:
Vater, wenn du willst, nimm diesen Kelch von mir!
Aber nicht mein, sondern dein Wille soll geschehen.
Da erschien ihm ein Engel vom Himmel und gab ihm neue Kraft.
(Lk 22,39f.)

Wort in den Tag Man kann nur mit Ehrfurcht durch einen Ölbaumhain gehen. Die Alten nannten den Ölbaum heilig. „Ich habe Zeit", sagt der Ölbaum. Er lässt sich nicht drängen. Man sagt, es gebe Ölbäume, die schon zur Zeitenwende vor 2000 Jahren auf Erden standen und die noch heute Früchte zur Reife bringen. Er nimmt sich also Zeit. Und er hat sie ja auch. Seine Lebenserwartung geht in die Jahrhunderte. Er ist keine schnelle Fruchtfabrik wie manche überzüchteten Gewächse, die man sich im Zeitalter der Verschwendung gefügig gemacht hat. Der Ölbaum wahrt seine Freiheit. Er macht gern ein paar Windungen und Knoten, wo andere kerzengrade aufschießen.

Wer nicht warten kann, taugt nicht als Ölbaumpflanzer. Wer einen Ölbaum setzt, tut das für seine Kinder und Enkel. Er setzt einen Keim für die Zukunft im Vertrauen auf Gottes Segen. Einen Ölbaum zu pflanzen, ist eine selbstlose, demütige Arbeit. Die Hoffnung für das Kommende begleitet die Mühe.

Noachs Taube kehrte mit dem frischen Ölbaumzweig zur Arche zurück. Die Sintflut war gewichen. Die Erde taucht gereinigt aus dem Wasser auf. Das erste Gewächs ist der Ölbaum, des Menschen Freund und Friedensstifter. Wer Ölbäume pflanzt, dem muss der Frieden am Herzen liegen. Er pflanzt und pflegt buchstäblich die Zeichen des Friedens. Im Altertum galt das Fällen eines Ölbaums als todeswürdiges Verbrechen. Einem Ölbaum das Leben zu rauben, war ein Angriff auf den Lebensnerv des ganzen Volkes. Ein Wunder an Kreativität und Entfaltung. Man spürt förmlich die Lust dieses Baumes, sich in verschiedenste Gestalten zu verwandeln. Die Fülle seiner Phantasie formt aus seinem Stamm verrenkteste, verrückteste Skulpturen. Kulissenzauber und Maskenspiel auf der großen Bühne der Natur. Welche Gebärde! Klaffende Wunden im verdorrten Leib. Wurzeln, die sich hinaufgeschoben haben ans Licht. Der Ölbaum ist im Sterben geübt.

Aus Altem und Gebrechlichem wächst unversehrt ein Sprössling. Das uralte Holz hat immer noch die Kraft, junges Grün hervorzubringen. Vielleicht ist gerade der Tod – das Erlittene und Durchstandene – wie sein Testament. Das Leben ist stärker als der Tod. Jeder ältere Baum lebt ganz selbstverständlich mit dem Tod, denn ein Teil seines Holzes ist bereits abgestorben. Sterben und Streben stehen im Einklang. Der alte Wurzelstock schlägt wieder aus. Auferstehung ist der Triumph des Ölbaums.[25]

Impuls „Die Wurzelstämme der Ölbäume im Garten Getsemani sind 2000 Jahre alt", heißt die Auskunft für Pilger in Jerusalem. Am Ölberg versammelte sich Jesus immer wieder mit seinen Jüngern. Hierhin zog er sich zurück zum Gebet. Hier hat der Verräter ihn geküsst. Am Fuße des Ölbergs befindet sich der Ölbaumhain Getsemani, der Name einer alten Ölpresse. In diesem Garten kniete Jesus allein nieder und betete in großer innerer Not, während seine Jünger schliefen. Umgeben von Ölbäumen, deren Wurzelstöcke noch heute Früchte tragen, fiel er zu Boden, und wie Blutstropfen stand sein Schweiß auf seiner Stirn. Unter den Bäumen mit ihren gedrehten, zerklüfteten Stämmen, die wie Mahnmale des Schmerzes anmuten, und in der Nähe der Kelter, unter deren Schraubdruck die Ölbaumfrüchte zermalmt werden, kämpfte Jesus gegen den Ansturm übermächtiger Verzweiflung. Ein Engel erschien vom Himmel und stärkte ihn. Unter den Zweigen des Ölbaums, dem Zeichen des Friedens, gewann er sein Gleichgewicht wieder: „Nicht mein, sondern dein Wille soll geschehen!"

Der Lebensbaum aus dem Herzen Adams

Jesus, der Herr, nahm in der Nacht, in der er ausgeliefert wurde,
Brot, sprach das Dankgebet, brach das Brot und sagte:
Das ist mein Leib für euch. Tut dies zu meinem Gedächtnis!
Ebenso nahm er nach dem Mahl den Kelch und sprach:
Dieser Kelch ist der Neue Bund in meinem Blut.
Tut dies, sooft ihr daraus trinkt, zu meinem Gedächtnis!
Denn sooft ihr von diesem Brot esst und aus dem Kelch trinkt,
verkündet ihr den Tod des Herrn, bis er kommt.
(1 Kor 11,23-26)

Wort in den Tag   Eine Legende aus dem Mittelalter verbindet das Paradies mit Golgota, den Baum des Lebens mit dem Baum des Kreuzes: „Adam war uralt geworden. Im Schweiße seines Angesichtes hatte er die Erde beackert. Wie gerne hätte er nur ein einziges Mal den Ort seines ersten Glückes, das Paradies, wiedergesehen! Jetzt lag er im Sterben. Seth, sein Lieblingssohn, bat ihn: Vater, zeig mir den Weg zum Paradies! Ich hole für dich einen Zweig vom Baum des Lebens; er wird dir Gesundheit bringen, und du wirst weiterleben! So machte sich Seth auf den Weg. Und der Engel am Tor zum Paradies ließ sich erweichen. Seth durfte das Zweiglein vom Lebensbaum brechen. Doch als er zu seinem Vater zurückkehrte, war der schon gestorben. So legte er den Paradieszweig auf Adams Herz. Mit dem Zweig begruben sie ihn. Aus dem Zweiglein, das Seth vom Paradies geholt hatte, wuchs ein gewaltiger Baum. Tausend Jahre später bewunderte ihn König Salomo. Er befahl, aus seinem Holz eine Hütte zu bauen, in der er über den Sinn des Lebens nachdenken wollte. Doch das Holz des mächtigen Baumes ließ sich nicht zusammenfügen. Voller Zorn warfen die Baumeister die Balken in einen See. Es war der Ort, wo später ein Teich immer dann Wellen schlug, wenn Kranke ihn betraten, um von ihren Gebrechen geheilt zu werden.

Nur wenige Tage vor der Kreuzigung Christi schwamm das Holz auf dem Wasser des Sees. Die Soldaten, die Christus kreuzigen sollten, holten die Balken aus dem Wasser und zimmerten daraus das Kreuz. Dreihundert Jahre später fand Kaiserin Helena die drei Golgotakreuze, die lange Zeit verschollen waren. Durch die Berührung mit dem wahren Kreuz des Herrn wurde ein schwerkranker Mann geheilt. Die fromme Kaiserin ließ das Kreuz Christi in viele Teile und Splitter zerlegen, fasste sie in Gold, Silber und Edelsteine und sandte sie dann an alle Hauptkirchen des Erdkreises. In die Altäre der großen Kathedralen legte man die Kreuzpartikelchen und feierte darüber das Kreuzesopfer Jesu Christi."

Alte Legenden schlagen Brücken über Jahrhunderte. Vom Baum des Paradieses kam der Tod, vom Baum des Kreuzes kam das Leben. Heiliges Holz, das den Erlöser trug. Auf unseren Altären feiern wir dieses Geheimnis. Geheimnis des Glaubens, wie es die versammelte Gemeinde bei jeder Eucharistiefeier bekennt: „Deinen Tod, o Herr, verkünden wir, und deine Auferstehung preisen wir, bis du kommst in Herrlichkeit."

Impuls Die Eucharistiefeier nennt man auch das Opfermahl. Dieser Begriff enthält zwei Worte: das Mahl und das Opfer. In der Baukunst zeigt sich die doppelte Bedeutung in der Form des Altares. Ein Tisch, um den sich die Gemeinde versammelt, ist die Vorstellung, die fast alle neugebauten Kirchen prägt. Man hat in den letzten Jahrzehnten besonders das Mahl betont. Früher war der Altar meist aus Stein. Zum Opferaltar stieg man auf Stufen empor. In den eucharistischen Wandlungsworten heißt es ja: „Dies ist mein Leib, für euch hingegeben ... Mein Blut, für euch vergossen." In der Mitte der Eucharistie steht also dieses „pro vobis" – für euch hingegeben.

Ich frage mich manchmal, ob man ein solches Lebensopfer überhaupt annehmen kann. Ob die Vorstellung allein eine zu große Zumutung ist? Je länger ich darüber nachdenke, um so mehr wünsche ich mir das: einer für den anderen! Wie sollte ich leben, wenn keiner mehr einen Finger für mich krümmt. Wo so viele allein über die Runden kommen müssen, ist die Sehnsucht groß, dass im Notfall einer da ist, auf den man sich verlassen kann. Einer für den anderen – das kann ich nicht fordern, das bekomme ich geschenkt. Weil es die Zeichen der Hingabe und Liebe gibt, können wir leben.

Kreuz-Hymnus

Niemand ist in den Himmel hinaufgestiegen außer dem,
der vom Himmel herabgestiegen ist:
der Menschensohn.
Und wie Mose die Schlange in der Wüste erhöht hat,
so muss der Menschensohn erhöht werden,
damit jeder, der an ihn glaubt, in ihm das ewige Leben hat.
Denn Gott hat die Welt so sehr geliebt,
dass er seinen einzigen Sohn hingab,
damit jeder, der an ihn glaubt, nicht zugrunde geht,
sondern das ewige Leben hat.
Denn Gott hat seinen Sohn nicht in die Welt gesandt,
damit er die Welt richtet,
sondern damit die Welt durch ihn gerettet wird.
(Joh 3, 13-17)

Wort in den Tag   „In Wahrheit ist es würdig und recht, dir, allmächtiger, ewiger Gott, immer und überall zu danken. Denn du hast das Heil der Welt auf das Holz des Kreuzes gegründet. Vom Baum des Paradieses kam der Tod, vom Baum des Kreuzes erstand das Leben. Der Feind, der am Holz gesiegt hat, wurde auch am Holze besiegt durch unseren Herrn Jesus Christus. Durch ihn loben die Engel deine Herrlichkeit." Dieser Lobpreis ist die Präfation vom Fest Kreuzerhöhung, an dem man die Auffindung des Kreuzes Christi in Jerusalem feiert. Im 4. Jahrhundert soll die Kaiserin Helena auf Golgota das Kreuz Jesu Christi wiedergefunden haben.

Im Christentum wird der Baum zum Kreuz, das Galgenholz zum Lebensbaum. Im Jahr 230 nach Christus sagte der Bischof Hippolyt von Rom in einer Osterpredigt: „Dieser himmelweite Baum ist von der Erde empor zum Himmel gewachsen. Er ist der feste Stützpunkt des Alls, der Ruhepunkt aller Dinge, die Grundlage des Weltenrundes, der kosmische Schwerpunkt. Er fasst in sich zur Einheit zusammen die ganze menschliche Natur. Er rührt an die höchsten Spitzen des Himmels und festigt mit seinen Füßen die Erde, und alles dazwischen umfasst er mit seinen unermesslichen Armen."

Der Himmel wird geerdet und die Erde emporgehoben. Durch den Kreuzesbaum verbindet sich der Himmel mit der Erde. Das Heil der Welt ist auf dem Kreuz gegründet. Es ist der Stützpunkt des Alls und der Ruhepunkt aller Dinge. Die Legende sagt, dass Adam, der erste Mensch, auf Golgota begraben wurde. Aus seinem Grab wuchs der Kreuzesbaum. Das Blut des Erlösers befreit alle Menschen zu neuem Leben.

Am Karfreitag singt die Kirche diesen wunderbaren Hymnus:

> Heilig Kreuz, du Baum der Treue,
> edler Baum, dem keiner gleich,
> keiner so an Laub und Blüte,
> keiner so an Früchten reich:
> heiliges Holz und heilige Nägel,
> welche heilige Last an euch.

> Beuge, hoher Baum, die Zweige,
> werde weich an Stamm und Ast,
> denn dein hartes Holz muss tragen
> eine königliche Last,
> gib den Gliedern deines Schöpfers
> an dem Stamme linde Rast.

> Du allein warst wert, zu tragen
> aller Sünden Lösegeld,
> du, die Planke, die uns rettet
> aus dem Schiffbruch dieser Welt.
> Du, gesalbt vom Blut des Lammes,
> Pfosten, der den Tod abhält.

Impuls „Das Kreuz ist mein Buch. Ein Blick zum Kreuz sagt mir in jeder Situation, was ich zu tun habe." Dies schrieb der heilige Bruder Konrad von Altötting. Es gibt viele Schauplätze moderner Kreuzigungen. Wenn ich das Kreuz anschaue, heißt das für mich nicht: alles Leid in Ergebung zu tragen. Im Gegenteil, das Kreuz anschauen heißt: Leidende vom Leid erlösen,

Menschen vom Kreuz holen. Die Antwort heißt: tragen helfen, mittragen, wo immer wir den Kreuzträgern unserer Tage begegnen. Mitleid allein genügt nicht. Nur mit Worten zu protestieren, reicht nicht. Wir müssen uns zu ihnen stellen, auf ihrer Seite sein, wie Simon von Zyrene anderen das Kreuz tragen helfen. Jede Tat der Liebe verändert die Welt.

Das Kreuz anschauen heißt für mich auch: Das Kreuz ist ein Zeichen der Hoffnung. Was bleibt mir vom Leben? Nur, was ich aus Liebe gegeben habe, das bleibt. Damals, als sie Jesus kreuzigten, schien die Rechnung aufzugehen. Mit Jesus hatten sie Schluss gemacht. Doch die Liebe eines Menschen kann man nicht begraben. Jesus, der sein Leben gab, um andere zu retten, wurde von Gott errettet. Der Gekreuzigte lebt.

Gläubige Narrheit

Am ersten Tag der Woche gingen die Frauen
mit den wohlriechenden Salben, die sie zubereitet hatten,
in aller Frühe zum Grab.
Da sahen sie, dass der Stein vom Grab weggewälzt war;
sie gingen hinein,
aber den Leichnam Jesu, des Herrn, fanden sie nicht.
Während sie ratlos dastanden,
traten zwei Männer in leuchtenden Gewändern zu ihnen.
Die Frauen erschraken und blickten zu Boden.
Die Männer aber sagten zu ihnen:
Was sucht ihr den Lebenden bei den Toten?
Er ist nicht hier, sondern er ist auferstanden.
Erinnert euch an das, was er euch gesagt hat.
(Lk 24,1-6)

Wort in den Tag   Wer kann den Tod besiegen? Jesus liegt im Grab. Grabesstille am Karsamstag. Doch das Leben ist stärker als der Tod. Die ganze Schöpfung ist voller Gesang: Tod, wo ist dein Stachel? Tod, wo ist dein Sieg? Auferstehung ist die tiefste Entfaltung der ganzen Schöpfung.
„Zur Nacht hat ein Sturm alle Bäume entlaubt. Sieh sie an, die knöchernen Besen!" so beginnt ein Gedicht von Ernst Ginsberg. Im Herbst sieht man die kahlen Zweige der Bäume.

Augenschein

Zur Nacht hat ein Sturm alle Bäume entlaubt
sieh sie an, die knöchernen Besen.
Ein Narr, wer bei diesem Anblick glaubt
es wäre *je* Sommer gewesen.

Und ein größerer Narr, wer träumt und sinnt
es könnt je wieder Sommer *werden*.
Und grad diese gläubige Narrheit, Kind,
ist die sicherste Wahrheit auf Erden.[26]

Wer im Herbst einen kahlen Ast näher betrachtet, entdeckt, dass unter dem Blatt, das zur Erde gefallen ist, schon eine neue Knospe entstanden ist. Wenn man nur die nackten Zweige sieht, die in den Himmel ragen, dann braucht es die „gläubige Narrheit" eines Kindes, um an einen neuen Frühling zu glauben. Doch die Blüte und das neue Blatt sind schon gebildet und können im schützenden Mantel der Knospe warten und den kalten Winter überstehen, bis die Frühlingssonne das junge Grün hervorlockt. Bäume sind Lehrmeister. Wenn wir ihre Botschaft richtig entziffern, dann können wir gegen Kleinmut und Verzagtheit die gläubige Narrheit eines Kindes setzen, denn sie ist die sicherste Wahrheit auf Erden. Im Jahr 1945 wurden die ersten Atombomben abgeworfen: auf Hiroshima und Nagasaki. Am Südrand des Rathauses von Hiroshima standen ein paar schwarz verkohlte Kirschbäume. Es waren ein paar hässliche Exemplare, die in ihrem verbrannten und verdorrten Geäst die Erinnerung wach hielten. Eines Morgens, im April 1946, sah der Bürgermeister dieser Stadt, was er nie für möglich gehalten hätte. Er sah, wie aus dem Schwarz der Zweige das helle Weiß von Kirschblüten aufbrach. Hunderte von Menschen pilgerten an den folgenden Tagen zu den Bäumen. Erst jetzt begannen sie wirklich zu glauben, dass ihre Stadt nicht dazu verurteilt war, für ungefähr einhundert Jahre eine Atomwüste zu bleiben.
Ein blühender Baum weckt am Ort des Todes neue Hoffnung und Zuversicht. Ein verlässliches Bild: Leben ist stärker als der Tod. Solche Bilder und solche Erfahrungen lassen ein ganzes Volk wieder an die Zukunft glauben. Wir brauchen verlässliche Bilder gegen die Angst und gegen den Tod. Denn jeden Tag stürmen viele Bilder auf uns ein, die uns Angst machen.

Impuls Wenn das Dunkel mich überfällt, wenn die Zweifel und die Traurigkeit das Herz zusammenpressen, wenn das Leben mir selbst zum Rätsel wird, dann standhalten und kämpfen. Die gläubige Narrheit des Kindes entdecken. Die verlässlichen Bilder gegen die Angst immer wieder anschauen. Den Mut finden, weiterzugehen. Die letzten Möglichkeiten ausschöpfen und den Segen des Himmels herabrufen. „Gerade diese gläubige Narrheit, Kind, ist die sicherste Wahrheit auf Erden."

Die Wunden des Auferstandenen

Die anderen Jünger sagten zu ihm:
Wir haben den Herrn gesehen.
Er entgegnete ihnen:
Wenn ich nicht die Male der Nägel an seinen Händen sehe
und wenn ich meinen Finger nicht in die Male der Nägel
und meine Hand nicht in seine Seite lege, glaube ich nicht.
Acht Tage darauf waren seine Jünger wieder versammelt,
und Thomas war dabei.
Die Türen waren verschlossen.
Da kam Jesus, trat in ihre Mitte und sagte: Friede sei mit euch!
Dann sagte er zu Thomas:
Streck deinen Finger aus – hier sind meine Hände!
Streck deine Hand aus und leg sie in meine Seite
und sei nicht ungläubig, sondern gläubig!
Thomas antwortete ihm: Mein Herr und mein Gott!
(Joh 20,25-28)

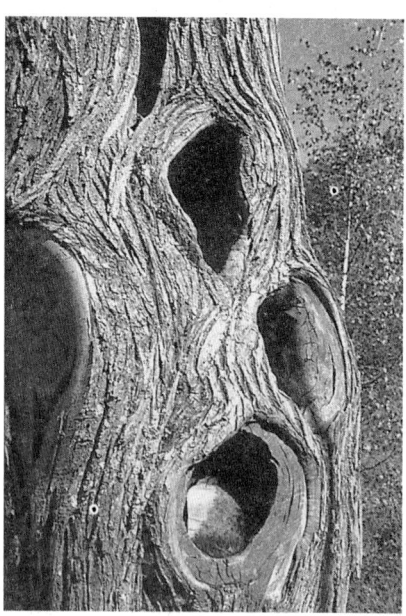

Wort für den Tag Ein alter Baum – verletzt und verwundet. Stürme haben seine Äste gebrochen. Narben künden von Kämpfen und Niederlagen. Aufgegeben hat er nie. Den schützenden Mantel der Rinde zerrissen die Astlöcher. Sein Holz vermoderte unter der Last des Alters. Doch Früchte bringt der Kastanienbaum noch immer. Jedes Leben ist bedroht durch Enttäuschungen, Leid, zerbrochene Beziehungen. Wie gehen wir um mit unseren Wunden? Manche werden ganz verbittert. Die Erinnerungen können das Denken und Fühlen vergiften. Vergessen und verdrängen bringt keine Heilung. Bei aller Drangsal von innen und außen muten wir uns den Schmerz zu, die Narben anzuschauen. Wir schämen uns nicht unserer Wunden. Denn wir werden auferstehen, geheilt durch die Kraft der Vergebung und Liebe. Der Auferstandene verbirgt seine Wundmale nicht. Er gibt sich durch sie zu erkennen. Die Leidensgeschichte ist nicht vergessen, sie ist verwandelt im Licht einer neuen Schöpfung. Nun dürfen alle Verwundeten hoffen.

Zu Thomas, dem Enttäuschten, sagt der Herr: „Streck deinen Finger aus – hier sind meine Hände!" (Joh 20,27) Thomas war tief enttäuscht. Er hatte seine ganze Hoffnung auf Jesus gesetzt. Das Kreuz hatte alles zerstört. Als am Ostermorgen die anderen Jünger von der Auferstehung des Gekreuzigten reden, kann er nicht glauben. Er hat die schrecklichen Wunden vor Augen.

„Wenn ich nicht die Male der Nägel an seinen Händen sehe und wenn ich meinen Finger nicht in die Male der Nägel und meine Hand nicht in seine Seite lege, glaube ich nicht." (Joh 20,25). Warum sind für Thomas die Wunden so wichtig?

Wenn der Auferstandene nicht seine Wundmale trüge, dann wären das Leiden Christi und die darin erlittenen Wunden einfach weggewischt. Dann wäre der Auferstandene für Thomas uninteressant. Wenn er aber seine alten Wunden trägt, wenn er sie nicht leugnet, dann ist das bedeutsam für Thomas und auch für uns.

Denn wo bleibt das Leben mit seinen Kreuzen und tiefen Verwundungen? Wenn in der neuen Welt alles weggewischt wäre, dann wäre dies ein billiger Trost. Wenn aber der Auferstandene seine Wunden trägt, dann haben alle, die aus inneren und äußeren Wunden bluten, Hoffnung. Wir träumen uns nicht in den Himmel hinein, sondern diese geschundene Erde hat Zukunft. Dann leugnen wir nicht das Leid mit frommem Augenaufschlag, sondern die Wunden selber beginnen zu leuchten. Alle Stigmatisierten dürfen hoffen. So viele sind gezeichnet – tief verwundet durch Einsamkeit, Angst und Unversöhnlichkeit.

Die heiligen fünf Wunden werden nicht verbunden. Sie werden zu Quellen neuen Lebens. „Durch seine Wunden sind wir geheilt." Der Auferstandene zeigt seine Wunden dem Apostel Thomas und sagt: „Thomas, reich mir deine Hand und leg sie in meine Wunden!" Das ist der Weg der Heilung: Seine Wunden in einen größeren Zusammenhang stellen. Seine Verletzungen loslassen und sie in die durchbohrten Hände dessen legen, der unser Erlöser ist. Als Thomas das begreift, geht er in die Knie und sagt: „Mein Herr und mein Gott!" Am Ende ist alles Lobpreis.

Quellennachweis

1 THOMAS DIENBERG, Die Mitte finden, Stuttgart 2002
2 RAHNER, KARL, Von der Not und dem Segen des Gebetes, © Verlag Herder, Freiburg, 14. Aufl. 1992
3 CONRAD FERDINAND MEYER, Jetzt rede du
4 ERHART KÄSTNER, Die Lerchenschule, Frankfurt 1964
5 Gotteslob 132
6 Nach einer Ansprache von Bischof Lettmann
7 PAUL RINGEISEN, in „Mitten in der Welt" 23. Jahrgang, S. 90
8 Gotteslob 6,6
9 C.G.JUNG, Der Mensch und seine Symbole, Walter Verlag, Freiburg 1968
10 LEO LIONNI, Frederick, Verlag Middelhauve
11 BERTOLT BRECHT, Herr K. und die Natur, aus: Werke. Große komm. Berliner u. Frankfurter Ausgabe, Bd. 18, © Suhrkamp Verlag, Frankfurt 1995
12 ELIZABETH BARRETT BROWNING, The Poetical Works, New York 1910
13 HENRI NOUWEN, Du bist ein geliebter Mensch, Verlag Herder, 12. Aufl. 2002, S. 128
14 HERMANN HESSE, Bäume, aus: Sämtl. Werke, Bd. 10: Die Gedichte, © Suhrkamp Verlag 2001
15 Pablo Casals, Licht und Schatten auf einem langen Weg. Erinnerungen aufgez. von Albert E. Kahn. © ALBERT E. KAHN 1970. Für die deutsche Ausgabe: © S. Fischer Verlag, Frankfurt am Main 1971
16 RAINER MARIA RILKE, Herbst, aus: Das Herbstbuch, Insel Verlag, Frankfurt am Main 1982
17 © WALTER ZINK, aus: Das Leuenbergbrevier, Evangelisches Tagungszentrum Leuenberg, Schweiz, S. 72
18 GÜNTER EICH, Ende eines Sommers, in: Bäume, Gerda Gollwitzer, Hersching 1984, Schuler-Verlag, Seite 144
19 EVELINE HASLER, Die namenlose Geliebte. Geschichten und Gedichte, © 1999 Nagel & Kimche im Carl Hanser Verlag, München – Wien
20 NELLY SACHS, aus: Fahrt ins Staublose. © Suhrkamp Verlag, Frankfurt 1961
21 J. K. LAGEMANN, Die Bahnfahrt, Exodus, Kösel und Patmos, 1980
22 JEAN VANIER, Heilen, was gebrochen ist, Verlag Herder, Freiburg i. Br. 1990
23 ULLA HAHN, Spielende, © 1983 Deutsche Verlags-Anstalt GmbH, Stuttgart
24 Gotteslob 165, „Sag ja zu mir", Text: Diethard Zils, alle Rechte im tvd-Verlag, Düsseldorf
25 Nach OSWALD KETTENBERGER, Ölbäume, Kiefel 1983
26 ERNST GINSBERG, Augenschein, aus: Abschied. Erinnerungen Theateraufsätze Gedichte. Hg. v. Elisabeth Brock-Sulzer, © 1965, 1991 Verlags AG Die Arche, Zürich

Bildnachweis

S. 45: Kopie eines Blattes; S. 46: „Gesicht im Fingerabdruck, Photographik: A. Genheidt; S. 60/61: Foto Othmar Larcher; S. 105: Tizian, Der Apostel Thomas, Venedig; Fotos Erich Purk: Seiten 17/18: Munkelweg, Südtirol; S. 31/32: „Balzerherrgott", Wildgutach-Tal; S. 88: Wüste Juda; S. 104: Kastanienbaum, Südtirol